だましの手口を一挙公開

マインド・コントロール 決定版

被害者救済の第一人者がその対策を徹底解説!

紀藤正樹

アスコム

まえがき

「自己責任」とはなんと都合のいい言葉でしょうか。

私のように消費者被害の救済事件を数多く扱っている弁護士は「自分の意思で買ったのだから、後で文句をいうのはおかしい。自己責任だ」とうそぶく悪徳業者と対峙《たいじ》することが、しばしばあります。

悪徳業者ばかりではありません。金融被害や証券被害などの事件では、訴訟の場で、被告となった銀行や証券会社が「契約者の自己責任であって、当社に責任はない」という弁明を繰り返しています。

世間を騒がせて止まない「マインド・コントロール」も同じです。問題や事件として話題に上ると必ず、**「自己責任ではないか」**とか**「マインド・コントロールにもよいマインド・コントロールと悪いマインド・コントロールがある」**などと、マインド・コントロールの持つ問題性を矮小化《わいしょうか》する意見が出てきてしまいます。

しかし、これらは、被害実態や事実を直視しない意見です。前者は加害者の問題に目をつぶり被害者だけを鞭打《むち》つ理屈、後者はカルトのマインド・コントロールが質的に他のマインド・コントロールと異なる悲劇的な意味があることを看過した主張です。

人が判断をする前提には、正しい情報が必要です。情報が不充分だと正しい判断ができません。「インフォームド・コンセント」とは、そういう理論です。「自己責任」という考え方は、充分な情報が提供され、自由な意思決定が満足される環境においてこそ生じるもののはずです。

重要な問題は、相手が被害者に対してどのような働きかけをしたのか、です。マインド・コントロールの問題を考える場合も、事案の真相を見きわめる真摯《しんし》な姿勢が重要なのです。

私が、統一教会（2015年8月から正式名称を、宗教法人「世界平和統一家庭連合」と改称していますが、本書では以前の法人名の略称である「統一教会」と呼称させていただきます）の被害者らを代理して、統一教会の伝道の違法性、つまり「マインド・コントロール」の違法性を問う裁判を東京地裁に起こしたのは、1991年4月のことです。

当時「マインド・コントロール」という言葉は、まだSFの世界の言葉であるかのように受け止められていました。記者会見を開いても、記者からの冷たい視線に逆に驚かされたことを覚えています。

しかし1993年4月21日、新体操の元オリンピック代表の山崎浩子さんが、統一教会からの脱会記者会見を開き、「マインド・コントロール」という言葉を口にしたことで、日本でもマインド・コントロールという言葉が広く知られることになりました。それでも、この時期マインド・コントロールの真の恐怖はまだ充分に理解されず、流行語的な感覚で広まったにすぎませんでした。

1995年にオウム真理教が地下鉄サリン事件を引き起こしたことを契機に、**マインド・コントロールは単なる流行語から、破壊的カルトの悲劇を繰り返さないために考慮されなければならない重要なキーワードとなりました。**

オウム真理教の教祖・麻原彰晃こと松本智津夫が、地下鉄サリン事件で起訴された同年6月6日、当時の東京地検の甲斐中辰夫次席検事（のちの最高裁判事、現在は弁護士）が記者会見の席で「マインド・コントロールされた信者たちから自白を得るのは大変だった」などと述懐したことは、象徴的な出来事でした。

こうした経過をへて、2000年9月14日、広島高等裁判所岡山支部で、ついに司法がマインド・コントロールの違法性を認める初判決を下します。これについては本書の第1章以下で詳しく書きました。その後も続々と「マインド・コントロール」の違法性を認める判決が相次いでいます。すでに最高裁判所の判例も出ており、司法ではもはや決着事項ともいえます。

それでもなお「マインド・コントロール」について、右に述べたような誤解が続いていることには驚かざるをえません。このような誤解を解消するため、本書は、できるだけわかりやすく書いたつもりです。

本書をお読みくださる読者のみなさまが、現在もなお続く「マインド・コントロール」の悲劇に目を向けていただき、被害者の救済に手を差し伸べていただければ幸いです。

紀藤正樹

プロローグ 「マインド・コントロール」は決して他人事ではない！

第1章 「マインド・コントロール」とは何か？

第2章 「霊感商法」のマインド・コントロールの手口

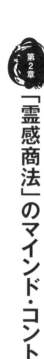

第3章 「カルト」のマインド・コントロールの手口

第4章 「脱マインド・コントロール」の手法

エピローグ

「マインド・コントロール被害」を減らすための提言

プロローグ

「マインド・コントロール」は決して他人事ではない！

「マインド・コントロール」に無理解な識者が少なくない

日本では、いや世界各地でも、カルト的なマインド・コントロールの事例が繰り返し起こっています。

「カルト」は、統一教会やオウム真理教に代表される「熱狂的な宗教集団」という意味です。

「マインド・コントロール」は、あとで詳しくお話ししますが、ここでは**「自分以外の人や組織が常識から逸脱した影響力を行使することで、意識しないままに自分の態度や思想や信念などが強く形成・支配され、結果として物理的・精神的・金銭的などの深刻な被害を受ける状態」**と思ってください。

統一教会のさまざまな事件、神世界事件、X JAPANのToshlさんが入っていたホームオブハート事件をはじめ、宗教団体やセミナー団体、霊能者などが関与する数々の事件を被害者側の弁護士として手がけてきた私は、マインド・コントロールされた多くの人々と接してきました。マインド・コントロールが解けていくプロセスにも何度も立ち会っています。

マインド・コントロールされた人の周囲からは、「人がまったく変わってしまった」「人格が一変してしまった」という声が聞かれます。

たとえば、芯が強くしっかりしていると見えた人が、霊能者と称する人の強い影響下にコロッと入ってしまう。あるいは、親や友人をとても大切にしていた優しい人が突然、親や友人と口をきかなくなったり罵倒《ばとう》したりするようになってしまう。

これは、実際にマインド・コントロールされている状態の人と接したことがなければ、理解しにくいことでしょう。心というか信念、考え方がとにかく凝《こ》り固まって、とりつく島がなくなります。親や親戚、友人や知人などの意見を聞かないどころか、近しい人ほど最大の敵や悪魔のように思い込んでしまうのです。

ところが、メディアでは、マインド・コントロールの問題に理解のない方の発言に接することが少なからずあります。

数年前の芸能人の洗脳騒動で、コメンテーターとしてテレビ番組に登場したある知識人の方は「普通の男女でも好きになれば貢《みつ》ぐとか一緒に居たいために仕事をキャンセルするとかある。恋愛も互いのマインド・コントロール。別に出ようと思えば自由に出られる。だからむしろ悪いのはご本人では」といった趣旨の発言をしていました。

有名なスピリチュアル・カウンセラーの方は「マインド・コントロールをされているとは言えません。正しい言い方をすると〝共依存〟でしょう。依存する心とそれを利用する者との関係です」というのです。

しかし、このような見方は、被害者と占い師など、相談する側と相談される側には上下関係、力関係が存在しているという大前提が、ことさらに無視されています。**上下関係性の中で、依存する心とそれを利用する者との関係、つまり「共依存」の関係が生じること自体が問題**なのです。後でも述べますが、「依存心」はマインド・コントロール状態に置かれた人の心理状態においては、もっとも重要な要素の一つです。

こんな発言や考え方が出てくるのは、マインド・コントロールという現象を直《じか》に見たことがないからだろう、と私は思います。マインド・コントロールがどのようなものかは、

①ある人が普通に暮らしていたときの（元の）人格
②マインド・コントロールを受けてすっかり変容してしまった（としか見えない）人格
③カルトからの脱会カウンセリングなどを通じてマインド・コントロールが解け、元の人格に戻った状態（ただし、①の人格とは少しだけ違う点は、①の人格に②の時代、つまり自分がマインド・コントロール下にあったという経験が追加され、人間的に成長していることです）

の三つの段階を間近に見たことがなければ、正しく理解できません。

②の状態だけを見ても、①の状態を知らない第三者から見れば、その人は、普通の精神状態にしか見えません。それどころかマインド・コントロールを施されると、以前にも増して活発になる場合のほうがむしろ普通です。

加害者側が一見、好人物に見えたり寡黙《かもく》に見えたり、あるいは第三者に対してそう見えるように装っている場合には、世間から見れば、被害者のほうが加害者を指導しているように見える場合すらあります。恋愛関係のように見える場合もあるでしょう。オウム真理教事件で言えば、麻原彰晃こと松本智津夫とその周りの女性たちのように。

しかし①の人格を知っている人から見れば、②は明らかに「変容してしまった（としか見えない）人格」です。ここでカッコに補足したのは、マインド・コントロールが解ければ、元の人格に戻るだけだということを意味します。生物学的・遺伝的に生まれついて持つ気質を基盤にしながら環境のなかで長年形成されていった元々の「人格」が、マインド・コントロールの結果、すべてが失われてしまうわけではないからです。

私たちが「カルト的なマインド・コントロール」と見る事例が、「世の中では普通によくある心の関係」とか、「引っかかった者に自己責任があり、被害者ではない」などと報じられる背景には、**「マインド・コントロール」という現象に対する無理解があります。**

日ごろからマインド・コントロールを受けた被害者の救済をしている者として、マインド・コントロールとは何かをわかりやすく伝え、世間にある誤解を修正し、被害者がこれ以上出ないように警鐘を鳴らす義務があると思っています。——実はこれが、私がこの本を書こうと思い立った動機です。

被害者の「過去」と「現在」の動かない事実を見ることが大切

ある人が、占い師からマインド・コントロール被害を受けているのではと疑われるときは、被害者の「過去」と「現在」の動かない事実を見る必要があります。数年前に騒がれた芸能人の洗脳事例でいえば、こんな事実に目を向けるのです。

たとえば、数千万円という多額の年収があったのに、いまは個人事務所と自宅の家賃滞納額数百万円を払えない。社交的な人物だったが、いまは自宅に閉じこもった状態だ。家族と交流があったが、いまは家族と断絶している。常識的な人物だったが、いまは家賃を払わない理由として「警視総監に相談」「窃盗《せっとう》被害にあった」など非常識で荒唐無稽《こうとうむけい》な言い訳をしている。

つまり、**被害者の過去と現在の状態は、明らかに大きく食い違っています。過去と現在で被害者像が激変してしまった、**といってもよいでしょう。

この食い違いが生じた原因はどこにあるのでしょうか。被害者と占い師との間に、相談する側と相談される側という上下関係、力関係が存在していれば、原因の一端は同居しているとされた占い師にあります。占い師と自称するからには、被害者が追い詰められるまでに、いくらでも手を打つ努力ができたはずだし、その能力もあるはずだからです。

もっといえば、占い師という、人の悩みを解決する職業、一種の「カウンセラー」を自称しているのであれば、相談者宅に家族ぐるみで寄宿したりすること自体、道義上も問題があります。今回と同じことを資格のあるカウンセラーがおこなえば、職業倫理上の問題が生じることは明らかです。仮に占い師側にコントロールするつもりがなく、悩みを抱えている被害者のほうから依存してしまったという場合であっても、**そもそも家賃が払えないなどの異常な状態に陥る前に、被害者の生き方の是正をしてあげるのがカウンセラーとしての務めではないでしょうか。**

ただ、注意が必要なのは、被害者の過去と現在の食い違いを生じさせた方法や原因が具体的にどんなものだったか、慎重に見きわめなければならないことです。現実に起こっていることがカルト的なマインド・コントロールを受けたケースなのか。あるいはそこまでのレベルに達していないマインド・コントロールなのか。もっと深刻な、たとえば精神的な疾患と判断すべき状態になっているのかなどについては、検証が必要です。

マインド・コントロールは強迫的な手法ですから、強迫に耐えきれなくなると被害者がパニック障害を発症したり、鬱《うつ》病を発症したりするケースがありえます。この場合は、カウンセラーや弁護士の手には負えず、医師の介入が必要です。そんな深刻な事態に陥る恐れがあることも、みなさんにわかっていただきたい点です。

霊能師や教団関係者が同居するのは、よくあることか？

メディア関係者などと話していると、**カルト問題に取り組む私が「当然だ」と思うことを「不思議だ」とか「珍しいケースだ」と思っている人が少なくないことに気づきます。**

たとえば「怪しげな女性占い師が家まで押しかけてきて、一緒に暮らすようになるというのは、かなり珍しいことではないか」と聞く人がありました。

しかし、カルト問題を手がけた経験があれば、珍しいケースとはまったく思いません。霊能師などが一人で、あるいは教団関係者などの何人かが被害者宅に押しかけ、同居が始まるケースはよくありますし、逆に、霊能師の家や道場、教団施設などに呼び寄せて同居させるケースもよくあります。

マインド・コントロールを施す側からすれば、**同居したほうが、対象者の情報をコントロールすることができ、よりマインド・コントロールを強化できるからです。**

「占い師の立場からすれば、マインド・コントロールを駆使して被害者を引きこもりにするより、どんどん働かせたほうが都合よいはずでしょう。なぜ、うまく働かせておカネが入ってくる方法を取らず、寄生虫が宿主を殺してしまうようなやり方をするんですか」と質問をする人もありました。この問いには、そんなやり方の占い師もいるし、もっとうまいやり方をする霊能者や教団もある、と答えるしかありません。

これも、あとで出てくるカルトにつながる話ですが、**統一教会やオウム真理教などカルトの信者は文鮮明や麻原彰晃こと松本智津夫という教祖の「金太郎アメ」なのです。**

ですから「文鮮明の野望とは?」「統一教会はなぜ組織的なマインド・コントロール手

法を採用するのか？」と検討する余地はあっても、個々の信者たちの活動の目的や手法を「なぜ、そうするのか？」と問うことは、ほとんど意味がありません。彼らは教祖がやるように場当たり的なことばかりやっている、と説明するしかないからです。

こうした団体の行動は、その団体の教祖ないし教祖的地位にある人の個性や考え方によって決まりますので、合理的とは思えない、まったく場当たり的なこともよくおこなわれます。つまりそのときどきで教祖の思う通りに動くだけで、**半年か1年後には以前とまったく逆のことをやっていたりします。**「以前のやり方のほうが合理的で、もっと儲かるんじゃやないか」などといってみても、まったくムダなのです。

「X JAPANのToshIのケース」は、どんなパターンだったか？

マインド・コントロールする側が、やりたいようにやっているとしかいえないことは、私が関わったロックバンド、X JAPANのToshIさんのケースでも同じです（念のためですが、Ｔｏｓｈｌさんは、ホームオブハートを脱会した後、「１から出直す」という意味で、「Ｔｏｓｈｉ」の「ｉ」を小文字のエル「ｌ」と改称されています。そのため本書では「ｌ」で統一しています。誤記ではありません）。

ＸＪＡＰＡＮのボーカルだった彼は、１９９７年にバンドを離れ、99年初頭に、自己啓発セミナー団体であるホームオブハートの事実上の教祖ＭＡＳＡＹＡこと倉渕透（その後「ＭＡＲＴＨ」という名前も使っています）をプロデューサーとしてレムリアアイランドレコードから楽曲をリリース。その前年の98年に、**Ｔｏｓｈｌさんの洗脳騒動が起こりました。**

レムリアアイランドレコードから名前を変えたホームオブハートは２００４年、児童虐待問題が明るみになり、私たちはＴｏｓｈｌさんやＭＡＳＡＹＡこと倉渕透氏らを告発しました（告発自体は不起訴）。幼児２人を含めた子ども６人の不適切な養育環境が問題となり、子どもたちが外部と接触を絶つよう教えられ、学校に通わず食事作り、掃除、乳児の世話などをさせられ、セミナーのスタッフとしても働かされていたのです。

その後、ホームオブハート側から私への懲戒請求や、被害者らへの損害賠償など、被害者や被害者を救済する弁護士の活動への妨害とも評価できる訴訟が起こされ、ホームオブハート裁判は長く続きました。

この場合も、ＭＡＳＡＹＡこと倉渕透はＴｏｓｈｌさんにＸ ＪＡＰＡＮの活動を続けさせたほうが儲かったはずですが、ソロ活動のどさ回りをさせていたわけです。普通に考えれば合理的ではありませんが、そういうことは往々にして起こります。当たり前の企業経営者ならば、このように考えて行動するだろうという**常識は、まったく通用しません。**

よく知られているように、オウム真理教も松本サリン事件や地下鉄サリン事件など常識では考えられない事件を引き起こしました。彼らは「阪神・淡路大震災はロシアの地震兵器のせい」などと、荒唐無稽《こうとうむけい》な話をまじめにしていました。

ライフスペース――現在は「シャクティパットグル・ファウンデーション」または「ＳＰＧＦ」と称しています――という団体も、１９９９年に千葉のホテルでミイラ化した遺体が発見された事件で、「薄い呼吸も、脈もある」「ミイラは生きていた」などと荒唐無稽な主張を繰り返し、「ミイラを搬送、冷蔵室に放置し、司法解剖によって、当局（千葉県警）に殺された」などと責任転嫁の主張を言い続けています。

こうした主張を12年以上も続けたあと、再び私に、「カルト」視することが名誉棄損であることなどを根拠に、懲戒請求までしてきました。1回目も2回目も懲戒請求は当然認められませんでした（1999年に続いて2回目の懲戒請求です。

こうした団体が、最盛期の半分ほどに減ったとはいえ依然として100人ほどの勢力を保っているのは、驚異といえば驚異でしょう。でも、彼らの主張が非科学的だとか不合理だといっても虚しい限りです。**カルトの教祖とはそういうものだ、としかいえないのです。**

「人身保護請求」は解決方法として、どれくらい有効か？

カルト的マインド・コントロールの典型的な事例では、被害者をカルト団体や霊能者・占い師などから引き離すために、裁判所に対する「人身保護請求」という方法が取られることもありました。

しかし、人身保護請求は過去に統一教会やオウム真理教をはじめさまざまなケースでおこなわれたものの、実は、その多くが失敗しています。裁判所や警察の手を借りようとする親御さんが多いのですが、脱会は「心の問題」ですから、司法手続や警察に頼るだけではほとんど効果がありません。この時期から脱会カウンセラーの意見を聞くことと並行して進める必要があります。

子どもの人格の変化に驚く両親にしてみれば、「なんとかしたい」という思いばかりが先に立ち、裁判所や警察に訴える以外の方法を検討する余裕がなく、結果として、事態をより悪化させる方法を重ねてしまう例が多いのです。**親が中途半端な方法をとればとるほど、かえって親に対する憎悪心が膨《ふく》らみ、親との断絶が進んでしまいます。**

マインド・コントロールの被害者をどう救出すべきか、どのようにマインド・コントロールを解いていけばよいかについては、日本でも、1960年代ころから過去50年にもわたって積み重ねられてきた知見と蓄積があります。万一、子どもが被害者になってしまっても、親がむやみに警察に相談したり裁判沙汰にしたりして事態を悪化させないように、**慎重なアプローチが必要です。**これについては、第4章で詳しく書くことにします。

そもそも「人身保護請求」は「身体の自由」の拘束状態にある人を取り戻すときに使う

手法で、裁判所に出された請求が正当と判断されれば、誰かを拘束している者は、ただちにその拘束を解かなければなりません。

ところが、現在の日本の社会で誰かが意思に反して拘束状態にある（身体的拘束を受けている）ときは、普通はただちに犯罪になってしまい、警察が動きます。たとえば暴力団系のカネ貸しが借金を返せない人を何日も監禁したら、その人の家族は裁判所に人身保護請求を出したりはせず、110番通報するでしょう。

ですから、**警察が動くことは難しいが、拘束状態であるといったときでなければ、一般に人身保護請求が出る場合はありません。**人身保護請求が出る拘束状態というのは、父親と母親が離婚などで争う事件で、一方の親が子どもを連れていってしまったときがほとんどです。

乳幼児や小学生くらいまでの子どもは、外形的に身体的拘束を受けていなくても、自分の判断で家の外に出ることができません。ですから、連れていった親と一緒に暮らすだけでも、意思能力がなく拘束状態にあると裁判所に判断されます。もっとも、未成年者の人身保護請求が認められるのは年間およそ数十件とごく少なく、成人に使われるケースはめったにありません。

たとえば18歳の息子と妻をオウム真理教に取られてしまった夫が、子どもを取り戻すため人身保護請求を出したとします。そこで山梨県南部の上九一色《かみくいっしき》村（当時。現在は富士河口湖町）にあるオウム真理教の施設に行くと、白い服を着た息子が行ったり来たりしており、たまに教団の用事で施設の外に出ることもある。すると、別に誰にも拘束されていないではないか、という話になってしまい、裁判所が認めてくれないのです。

しかも、無理に手続きをとれば親への憎悪が募る一方ですから、人身保護請求は1990年代以降、カルトの解決手法としては使われなくなりました。

連れ戻すための「医療保護入院」とは、どういう制度？

人身保護請求と似たものに、「精神保健及び精神障害者福祉に関する法律」の第33条に定められた「医療保護入院」という制度があります。これは、本人の病状が悪いのに入院に同意しない、または自分で入院の是非を判断できないとき、精神保健指定医が入院が必要と判断し、保護者も同意すれば、本人または家族を保護するために入院させることができるというものです。

特別な場合を除き、保護者が同意しなければならず、患者の後見人、未成年の場合の両親、配偶者、以上がいない場合は、家庭裁判所で選任審判を受けた成年の親族が保護者となります。身よりがまったくない患者については、居住地の市区町村長が保護者となります。ただし、この制度は入院後10日以内に都道府県知事に届け出る必要があり、精神医療審査会で認められなければ退院させる必要があります。

なお、医師の診断を受けて精神疾患の診断書が出た場合には、本人に判断能力がないことがうかがわれますから、成人であっても、子どもと同様に、「拘束」と評価され、人身保護請求が認められる可能性もあります。

とはいえ、マインド・コントロールの被害者の家族や弁護士は、なるべく目立たないように動かなければなりません。

マインド・コントロールを解くためには、本人と女性占い師なり霊能者なり教団

なりを引き離すことが大前提で、引き離しこそが始めの一歩になります。しかし、そのために警察や裁判所などに駆け込んで大騒ぎしたり、メディアを巻き込んだりすることは、よいことではないのです。

たまたま入院したことで、引き離しがうまくいく場合もある？

引き離しが比較的うまくいくのは、本人が周囲の意図や強制を感じない場合、たとえばたまたま病気になって入院し、結果的に引き離されたという場合です。

カルト的な団体のメンバーが、予期せぬ病気や入院によって団体との関係をしばらく断つと、ゆっくり考える時間ができ、それをきっかけにマインド・コントロールが解けていくことがよくあります。

実は、日本に「マインド・コントロール」という言葉を広めるきっかけとなった『マインド・コントロールの恐怖』を著したスティーヴン・ハッサン氏は、元統一教会員です。

ハッサン氏が統一教会を辞めたきっかけは、統一教会内での過酷な活動が引き金となった居眠り運転による交通事故で、手術を要する入院を余儀なくされたことでした。

Ｔｏｓｈｌさんの脱会もその典型なパターンです。Ｔｏｓｈｌさんがホームオブハートを脱会するプロセスは、まさにマインド・コントロールが解けていく過程そのものでした。

２００４年の告発後も、Ｔｏｓｈｌさんはホームオブハートに収奪され続けました。長年にわたる裁判がホームオブハートを追い詰めた結果、金銭的に窮したホームオブハートは、ＸＪＡＰＡＮの再結成（07年10月）を容認せざるをえなくなったほどです。ただし、再結成によって得られた収益は、ほとんどすべてがホームオブハート、具体的には株式会社ヒーリングワールド（現株式会社フィールド）という会社に流れていました。

長年の収奪や裁判による心労、そして24時間、ほとんどすべての時間をホームオブハートのために働かせられ続けていたという過労もあったのでしょう。Ｔｏｓｈｌさんは、２００９年10月に、イベント中に倒れ、入院を余儀なくされました。

そして２０１０年1月18日に記者会見を開き、年末に自己破産を申請したこと、夫人と離婚調停に入ったことを明らかにしました。同時にホームオブハートに「収益がすべてわたっていて、必要経費以外に自由に使えるおカネはわたされなかった。詳細がわからないまま多額の税金や借金が膨らみ、弁護士に相談して自己破産を申し立てた」と語り、決別する意思を表明したのです。

ＸＪＡＰＡＮの再結成を機に普通の社会に触れたことがＴｏｓｈｌさんの心を少しずつ動かし、やがて入院をきっかけに「ゆっくりと考える時間」を持てるようになり、ホームオブハートとの決別に至った。これを私は、たいへん感慨深く受け止めました。

マインド・コントロールからの脱出に、なぜカウンセリングが必要か？

同時に、記者会見を見た私は、Ｔｏｓｈｌさんの精神的な高揚感が気になりました。継続する裁判といったマイナス部分に目を向けず、これからどうしたいといったプラス部分の夢だけに目を向けてハイな気分になるのは、脱会直後の信者によく見られることです。

実は、**精神的な高揚感そのものが、精神を強く抑圧するマインド・コントロール**

の後遺症なのです。

この点に注意しないと、現実の世の中はそう甘くなく、たとえば働きながら賠償金を支払うというようなマイナス部分の対応を迫られますから、脱会後、精神的に急激に落ち込んだり、自己嫌悪に陥ったりしてしまうことがあります。**そこから抜け出そうと再び精神的な高揚感を求めて、新たな信仰に入ることも珍しくありません。**

ですから、「被害者性」と「加害者性」の意味（カルトに入った人は多くの場合、被害者でもあり加害者でもあります）、カルト的な団体から抜けることの意味などについて、きちんと話ができる人によるカウンセリングを受ける必要があるのです。

脱会カウンセリングの基本は、被害者の心を、教祖なり教団なり霊能者なりと引き離すこと。とりあえず場所が離れたからといって安心するのは早計で、場所の次に心を引き離すプロセスが重要です。

本人が帰ってきて両親はじめ家族が大喜びするのは当然ですが、気をつけなければいけないのは、親が有頂天になりすぎてしまい、子どもに対する見方が甘くなりがちなこと。「もう大丈夫」と判断してカウンセラーや弁護士の世話になる必要もないと思うと、かえって失敗してしまうケースが少なからずあります。

なお、ホームオブハート裁判については、Ｔｏｓｈｌさんの記者会見から2週間ほどたった２０１０年2月に突如、ホームオブハートの代理人から和解の打診を受けました。ホームオブハートが被害者側の請求をすべて認め、すべての訴訟と私への懲戒請求を取り下げ、消費者被害もセミナー参加代に慰謝料などを加算して支払うという提案です。いわば白旗を掲げたともいえる申し入れでしたから、ホームオブハートの被害者らは一連の裁判にいったん終止符を打ち、事実上の勝訴ともいうべき和解を受け入れることにしました。

最初の記者会見から3カ月ほどたった10年4月23日、Ｔｏｓｈｌさんと私は、ホームオブハートの被害者とともに、共同で記者会見を開きました。この映像はユーチューブでも見ることができますから、興味のある方はご覧になってください。

私にとっては、98年の最初のＴｏｓｈｌさんの洗脳騒動からは12年越し、２００４年の児童虐待騒動から始まる訴訟合戦からは7年目の出来事でした。マインド・コントロールにまつわる事件というのは、信じる方も「人生をかけて信じている」わけですから、マインド・コントロールの被害者を救済する側も、採算を度外視して、まさに「人生をかけてとことん付き合う」姿勢でないと、やっていられません。Ｔｏｓｈｌさんのケースを見ても、わかっていだけると思います。

マインド・コントロール事件では、加害者とされた霊能師や占い師などが、「指示されていたのは自分たちのほう」「自分たちこそ被害者」といった発言を始めて〝反撃〟することがよくあります。被害者が複数いるカルト的な団体の場合と違って被害者が一人だけで、その証言を裏づける別の被害者が見つからなければ、霊能師と被害者どちらの言い分が現実に近いのかわからず、水掛け論になってしまう恐れがあります。

それでも、**「動かない事実は何か」をつねに調査して確定する地道な努力が必要です。**マインド・コントロールが問題となる依頼事件で、この努力に私が1年以上かけるケースはざらにあるのです。

なぜ豊かな先進国で、カルトの問題が多く起こるのか？

引きも切らないマインド・コントロール事件の背景には、よくいわれるように、現代社会におけるコミュニティの崩壊、核家族化や少子高齢化による現代人の孤立化、情報化が進み情報が氾濫《はんらん》するなかでの人との関係性の希薄化や絆《きずな》の欠如、といった問題があるのでしょうか。

まずいえるのは、第3章で詳しく見る**カルトがおもに先進国に見られ、「先進国病」ともいうべき現象だ、**ということです。

江戸時代の末や明治時代以降、戦後の高度成長期あたりまでに日本に登場した新宗教や新興宗教と呼ばれる宗教は、基本的に衣食住の欲求を満たすための世俗的、実利的な発想で成り立っています。

奈良時代からお寺があるというような古い仏教と比べて、同じ仏教系でも、新興宗教は政治への関心が高いでしょう。つまり、政界に人を送って世の中を変えていこうという発想があり、当市の中学生医療費無料化を実現させたのは自分たちだ、と誇ったりするわけです。いわゆる「現世利益《げんせりやく》」の追求です。

ところが、**衣食住が足りて豊かな先進国では、人々の衣食住以外の欲求が出てきます。カルトというのは、衣食住が足りた社会でも満たされないこと、たとえば精神的な安定を目指します。しかし精神的な安定は、おカネに換算できず定量化ができませんから、それだけだまされやすくなってしまいます。**

オウム真理教には、日本でいちばん入るのが難しいとされる東大医学部や慶應大学医学部の出身者をはじめ、東大、京大、阪大などの大学院出身者、医科大学出身者など高学歴の者が何人もいました。少なくともテストで高得点を取るなど勉強ができる人たちが、なぜ麻原彰晃こと松本智津夫の荒唐無稽な話を信じたのか。

不思議といえば不思議ですが、**人がうらやむ経歴を持ち、将来を嘱望《しょくぼう》される立場の高学歴者でもだまされるわけですから、マインド・コントロールの罠《わな》は、この日本のどこにでもあるというべきでしょう。**

オウム真理教事件以後、カルト問題はどう変わったか？

現在の日本は、巨大カルトが登場しにくくなる一方で、**霊能者や占い師などの個人が、別の個人や家族、あるいはせいぜい20～30人以下といった小さな集団をマインド・コントロールする事件が増えている**ことも、強調しておきたいと思います。

その背景には、日本社会のカルトに対する姿勢がオウム真理教事件の以前と以後で大転換したという事情があります。地下鉄サリン事件は、1995年1月に阪神・淡路大震災が起こった直後の3月20日でした。麻原彰晃こと松本智津夫が逮捕されたのは95年5月16日です。

それまで日本では、カルトは法的にも社会的にほとんど規制されていませんでした。やはり「信教の自由」は大切だから、ちょっと変わった教団でも存在を認めるべきだという考え方が主流だったからです。しかし、95年以降の日本は、信教の自由といっても許されない宗教があるという考え方に変わりました。

オウム真理教によって妻と長男とともに殺害された坂本堤弁護士――彼のことを考えると、いまでも胸が熱くなりますが――彼は亡くなる前、「信教の自由といっても、何をしても許されるという自由ではない」と主張していました。坂本弁護士の主張した通りだということが、95年を境にはっきりしたのです。

その結果、カルトに対する法的な規制はまだまだですが、社会の見る目は厳しくなり、巨大なカルトが登場しにくくなりました。

強制捜査当時、オウム真理教は出家信者が1000人以上、周囲に在家信者が1万人以上いました。1000人規模のテロリスト集団みたいなものを、信教の自由の下に容認というか、野放しにしていたことは、本当に驚くべき事態でした。

出家信者が数万人規模の統一教会を除けば、オウム真理教事件以後に摘発された宗教団体の出家信者の数はせいぜい200人や300人の規模で、オウム真理教と比較すると圧倒的に小規模になっています。ちなみにオウム真理教は、現在でも「アレフ」「ひかりの輪」を含めて、出家信者約300人、在家信者約1350人の規模を有しています。この数字も驚くべき数字というほかありません。

一方に精神的な安定を得たいという社会的なニーズはありますが、その大きな受け皿がなくなってしまったわけです。そこで、どんな現象が起こったかというと、**マインド・コントロールするような小規模な集団＝ミニカルトや霊能者や占い師といった〝小粒〟が無数に生じてきました。**これが現在の状況です。

ジャーナリストで参議院議員の有田芳生《よしふ》さんは、数年前の芸能人洗脳騒動について、「『占い師』とは表面的な命名であり、本質は『一人カルト』による心の支配にある。芸能界には（渦中にいた芸能人を接点に）被害者になりかけたタレントも複数いる。この問題はきわめて現代的なのだ」といっています。カルトは集団概念ですから「一人カルト」というい切ると矛盾をきたしてしまいますが、有田さんのいいたいことはよくわかります。

占いも、霊感商法や開運商法も、自己啓発セミナーも、カルトもそうですが、私にいわせると小粒が無数に広がっている感じです。その意味で、誰もがマインド・コントロールに引っかかりかねない状況に直面しているといえるでしょう。しかも、一つひとつが小粒で被害者が少数に限られるので、ますます実態がわかりにくくなっています。

世界を見渡すと、テロ組織の勧誘にもマインド・コントロールの手法が使われることがあります。欧米で問題となっている「ローンウルフテロ」も「一人カルト」と似通った現象といえます。マインド・コントロールに対する世界的な対策が必要な時代になっています。みなさんがこの本を注意深く読んでくださり、マインド・コントロールの実態にもっと目を向けていただき、マインド・コントロールの被害者、マインド・コントロールを受けた人が今度は加害者となり、新たな被害者を生むこと、そうした被害者が一人でも少なくなることを、私は願っています。

第1章

「マインド・コントロール」とは何か?

コーチに心酔するスポーツ選手、これもマインド・コントロール？

「マインド・コントロール」とは、そもそも何なのでしょうか？　この第1章では、できるだけわかりやすく解説していきます。

手始めに、マインド・コントロールを文字通り「心や精神が支配されること」と考えてみましょう。

すると、ある人が自分以外の人や組織から精神的な影響を受け、自分が意識しないままに態度・思想・信念などが強く形成され、それにすっかり凝り固まってしまい、**心や精神が支配されているように見える状態は、ごく普通にあることだと気づきます。**

・教育ママが、わが子が幼いころから「あなたに何より大事なのは勉強よ」「しっかり勉強してよい学校に進み、ゆくゆくは東大を出て大企業か役所に勤めなければ」と繰り返し言い聞かせる。言葉通り幼稚園をお受験し、塾に通わせたり家庭教師をつけたり、小中高と受験を重ねる。さんざん言い聞かされた子どもも「勉強がすべてだ。自分は進学校に進み、東大を受けるんだ」と強く思い込み、猛烈に勉強する。

・スポーツ選手がコーチに心酔し、何から何まで指示を仰ぐ。スポーツの練習法や心構えばかりか、日常生活の細かい点までコーチに相談して言う通りにする。実際、スポーツ大会でよい成績を上げ、ますますコーチを尊敬していく。コーチと選手は一心同体で、選手はコーチの強いコントロール下にあるとしか見えない。

・イスラム教の国では、赤ん坊が生まれた瞬間から街に朗朗と流れるコーランを聞く。いたるところにモスク（礼拝所）があり、尖塔のてっぺんにスピーカーが備えつけられているからだ。お祈り時間は夜明け前、正午頃、午後3時頃、夕暮れ時、午後8時頃の1日5回。人々は時間になると仕事や遊びを中断し、いまいる場所で、あるいはもよりのモスクに移動して、メッカに向かい作法通りに礼拝する。赤ん坊が幼児になれば、自然に同じことをするようになり、イスラム教以外の宗教など考えもしない。

いかがでしょうか。右のような事例は、**広い意味でのマインド・コントロールと**

よく似ており、マインド・コントロールの一種といえないことはないかもしれませんね。しかし、三つとも本書では、「マインド・コントロールされている」とはいいません。少なくとも問題ある「マインド・コントロール」だとはいいません。

同じような例は、いくらでもあります。支配的な夫と従属する妻。厳しい親に従う子。厳格な教師と教え子の関係。「会社主義」といわれる企業や役所内の上下関係。暴走族や暴力団など集団内の支配・被支配関係。派閥ボスと派閥に集う政治家の関係……。

日曜朝に家族で教会に出かけるキリスト教国では、赤ん坊も連れていきます。何も知らない赤ん坊に洗礼を受けさせる人もいます。赤ん坊が大きくなってキリスト教以外の宗教など考えもしなければ、起こっていることはイスラム教国の例と変わりません。

日本の大衆が戦前、軍国主義に一丸となったのは、マインド・コントロールのようなものかもしれない。ヒトラーを熱烈に支持したドイツ国民も同じではないか。文化大革命時代の中国だってそうに違いない。禁酒法や赤狩りなどに狂奔《きょうほん》した原理主義的な宗教国のアメリカだって同様だろうと、そんな例は枚挙にいとまがないでしょう。

マインド・コントロールかどうか、どこで見分ける？

では、マインド・コントロールと似たところがあるように見える事例と、私たちが問題にするマインド・コントロールは、どこがどう異なるのでしょうか？

両者の違いを見分けるカギは、その時代の社会通念や一般的な社会常識を前提とした「法規範」や「社会規範」です。

マインド・コントロールには、何らかの目的があり、さまざまな方法をともない、強弱の程度があって、ある結果を生じるわけです。**目的、方法、程度、結果などを見て、それらが「法規範」や「社会規範」から大きく逸脱している場合は、これを「マインド・コントロール」と判断して問題視すべきである。**私はそう考えています。

たとえば、教育ママが勉強机に向かう子どもの背後に物差しを手にして立ち、ことあるごとに引っぱたくとか、宿題が終わるまで食事すら与えなければ、明らかに常軌を逸していますね。マインド・コントロールと呼ぶべきかどうか以前に、児童虐待になりかねませんから、父親なり周囲の大人なりが即刻やめさせなければなりません。

しかし、多くの教育ママの目的は「子どもの将来を考え、よい学校に入れる」ことで、これは別に社会通念から逸脱していません。教育ママの方法や程度も、たまに厳しく叱るくらいなら社会常識の範囲内でしょう。それで、うまく志望校に合格すればよいし、不合格でも本人を励まし心理状態や健康に気をつけてやれば、勉強はムダにはならず問題ありません。だから本書で問題とすべき**マインド・コントロールではない**と判断できます。

コーチとスポーツ選手の例も、目的は「全国大会出場」というように、はっきり限定されています。コーチが指示する方法も、選手を潰さないように配慮されているでしょう。そして競技の結果がどうであれ、技術が向上した、心身ともに鍛えられた、競技を通じてさまざまな人と出会い視野が広がったなど、本人のためになることが多いはずです。これも本書で問題とすべき**マインド・コントロールではありません**。

イスラム教国の例では、生まれながらみんなアラーの神に帰依《きえ》することも、日に5回の礼拝も、歴史や社会や文化に深く根ざした社会通念や社会常識そのものです。それを異なる文化圏から見て「マインド・コントロール」などというのは、余計なお世話。目的も方法も程度も結果も何ら問題とされない以上、マインド・コントロールとは呼びません。

どんな場合が「法規範・社会規範からの逸脱」にあたるのか？

これらに対して、**問題とすべきマインド・コントロールは、以下に見るような法規範や社会規範から逸脱した影響力の行使をともなっています。**

たとえば、マインド・コントロールを駆使する宗教的集団の「目的」が「教団にカネを貢《みつ》がせること」ならば、社会通念からしておかしいと疑わなければなりません。宗教の目的は、帰依する人々の心の解放や平安であって、カネ儲けではないはずだからです。

目的の一つが「サリンをまいて、人々を『ポア』すること」ならば、社会が断じて許すことができないとんでもない逸脱です。ポアはもともと「死ぬときに魂がより高い世界に転生する（生まれ変わる）こと」を意味しますが、オウム真理教は「ポアのためには、魂の持ち主の生命を積極的に奪ってよい」と考えました。

心や精神を支配する「方法」やその「程度」については、次のようなものが法規範や社会規範から大きく逸脱しているでしょう。

・本人と親や家族を強制的に引き離す。
・睡眠を取らせない、食事を与えないといった方法で思考能力を奪う。
・メンバーの対人関係や個人的な自由を奪う。
・集団から離れようとすると、恐怖を感じる脅迫や強制的な連れ戻しがある。
・性のような個人的な問題について、細かい指示や禁止がある。
・法に触れるような詐欺、盗み、暴力、ときには殺人などを指示される。

心や精神を支配したことで生じる「結果」にも注目する必要があります。次のような結果は、いずれも法規範や社会規範から大きく逸脱しているでしょう。

・全財産を失ったり、生活に困窮したりするような金銭的損害を受ける。

・栄養失調、精神疾患など病気になってしまう。
・親や家族と引き裂かれ、家族関係が破壊される。
・仕事を失う、学校をやめるなど、健全な社会生活を営めない。

いま挙げた例は、もちろんすべてではありません。しかも、規範逸脱の判断の前提である社会通念や社会常識は、場所や時代とともに変わるものです。たとえば、江戸時代には親が子を折檻《せっかん》し、座敷牢に閉じ込めても、とくに問題とはされませんでした。いま同じことをすれば、児童虐待防止法違反で逮捕されかねません。

ですから、**マインド・コントロールや、それに類することがおこなわれているときは、その場その場そのときどきで目的、方法、程度、結果を検討し、法規範、社会規範からの逸脱がないかどうか、厳しくチェックしていくしかない**のです。

その結果、いくつもの点で法規範や社会規範から逸脱していると思われるときは、これを問題があるマインド・コントロールと見なして、しかるべき対応を取る必要があります。

たとえば、その行為をしている団体の名前を公表し、社会的な監視を強め、被害者の救済に乗り出さなければなりません。

「宗教団体の勧誘」でも違法と認めた広島高裁判決とは？

ここまで申し上げたことは、最高裁判所の判例でも確立している考え方です。

2000年9月14日、広島高裁岡山支部で、統一教会を訴えた「青春を返せ裁判」の第二審判決がありました。これは統一教会の伝道の違法性を認めた最初の判決で、**日本で初めて宗教団体による勧誘・教化行為の違法性を認めた画期的な判決でもあります。**

最高裁は2001年2月9日、統一教会の上告を棄却。統一教会に対し、献金70万円・修練会参加費相当額・慰謝料100万円を支払うように命じた二審判決が確定しました。

長くて難しいところもありますが、重要な判決文ですから、あえて引用します（傍線は筆者）。全文は「カルト被害を考える会のホームページ」のhttp://www.asahi-net.or.jp/~AM6K-KZHR/a0009han.htm で読むことができます。

「宗教団体が、非信者を勧誘・教化する布教行為、信者を各種宗派活動に従事させたり、信者から献金を勧誘する行為は、それらが、社会通念上、正当な目的に基づき、方法、結果が、相当である限り、正当な宗教活動の範囲内にあるものと認められる。しかしながら、（中略）その目的、方法、結果が、社会的に相当な範囲を逸脱している場合には、もはや、正当な行為とは言えず、民法が規定する不法行為との関連において違法であるとの評価を受けるものというべきである。」

この考え方から、統一教会による一連の行為は、次のように判断されました。

「被控訴人（注：統一教会）の信者組織において、予《あらかじ》め個人情報を集め、献金、入信に至るまでのスケジュールも決めた上で、その予定された流れに沿い、ことさらに虚言を弄《ろう》して、正体を偽って勧誘した後、さらに偽占い師を仕立てて演出して欺《ぎ》もうし、徒《いたずら》に害悪を告知して、控訴人（注：原告である被害者）の不安を煽り、困惑させるなどして、控訴人の自由意思を制約し、執拗《しつよう》に迫って、控訴人の財産に比較して不当に高額な財貨を献金させ、その延長として、さらに宗教選択の自由を奪って入信させ、控訴人の生活を侵し、自由に生きるべき時間を奪ったものといわざるを得ない。」（注は筆者）

マインド・コントロールだけでは不法行為にならない、は本当か？

マインド・コントロールについては、広島高裁岡山支部の判決はこう述べます。

「なお、本件においては、控訴人がマインドコントロールを伴う違法行為を主張していることから、右概念の定義、内容等をめぐって争われているけれども、少なくとも、本件事案において、不法行為が成立するかどうかの認定判断をするにつき、右概念を道具概念としての意義をもつものとは解されない（前示のように、当事者が主観的、個別的には自由な意思で判断しているように見えても、客観的、全体的に吟味すると、外部からの意図的操作により意思決定していると評価される心理状態をもって「マインドコントロール」された状態と呼ぶのであれば、右概念は説明概念にとどまる）。」（傍線は筆者）

難しいもの言いをかみくだけば、**マインド・コントロールという概念（考え方）は心理状態を説明しているだけで、不法行為が成立するかどうかを判断するときの道具には使えない、といっています。**次が判決の結論です。

「（前略）一連の行為が宗教的行為と評価しうるとしても、その目的、方法、結果が社会的に相当と認められる範囲を逸脱しており、教義の実践の名のもとに他人の法益を侵害するものであって、違法なものというべく、故意による一体的な一連の不法行為と評価されることとなる。」

まとめるとこうです。――マインド・コントロールがあっただけでは不法行為とは判断できない。しかし、マインド・コントロールは心理状態の説明になる。そして、**統一教会が実際におこなった布教行為や勧誘行為の実態を見れば、目的、方法、結果が社会通念上、認められる範囲を逸脱しているから、それは不法行為である。**

学者が科学的に違法な「マインド・コントロール」を説明できないのはなぜ？

ところで、「マインド・コントロール」という言葉は、心理学用語として確立している用語ではありませんし、右の判決文からわかるように「法律用語」としても確立した用語ではありません。心理学者に「マインド・コントロールとは何か?」とたずねると、「そんなものはない」と答える人すらいます。

しかし「社会的用語」あるいは「社会的なキーワード」というべき用語としては、もはや「マインド・コントロール」は普通に使われる用語となっていますし、もちろん「マインド・コントロール」を否定する心理学者であっても、後でも述べるように、他者による心理的影響力を否定する心理学者はいません。それでも**「マインド・コントロール」という言葉の定義が難しいのは、いったい、なぜでしょうか。**

この理由を説明するために、プロローグの冒頭に示した「自分以外の人や組織が常識から逸脱した影響力を行使することで、意識しないまま自分の態度や思想や信念などが強く形成・支配され、結果として物理的・精神的・金銭的などの深刻な被害を受ける状態」を、科学者の立場から厳密に科学的に説明することを考えてみます。

すると科学者は、まず態度や思想や信念などが自由な状態、つまり「自由意思」とは何かを定義し、その自由意思に周囲の環境がどう影響するかを記述し、影響力がだんだん強まって自由意思を圧倒するプロセスを、科学的に説明しなければならないでしょう。

しかし、自由意思は自由な意思としかいいようがなく、自由意思も周囲の環境も千差万別ですから、自由意思にどんな影響があったとか、ある瞬間から自由意思が圧倒されればじめたなどと評価するのは、科学的にはどこまでいっても程度問題として定量化するほかありません。

どの段階から被害といえるのかは、心理的な影響だけではなく、他の事情、すなわち被害者の財産状況を前提とし金銭収奪の程度や、家族や人間関係秩序の破壊の程度、あるいは性的収奪の程度、相手をいいなりにすることで得られる加害者の利益の程度や、計画性、用意周到性などをも考慮せざるを得ず、それは心理学者の仕事ではありません。

ようするに心理学者も含めて科学者は、環境から刺激があったときに観察できる反応だけを測定して理論を組み立てるものなのです。

たとえば、物乞いが「お恵みを」といえば、おカネを少し出す人や多く出す人がいても、ほとんどの人は通り過ぎるだけ。これを観察し、物乞いは強制ではなく影響力が小さいと結論する。次に、強盗が喉元《のどもと》にナイフを突きつけて「カネを出せ」といえば、ほとんどの人はおカネを出す。これを観察し、強盗は物乞いより影響力や強制力が大きいと結論する。

しかし、このとき科学者は、自由意思の抑圧の程度と違法性をからめた主張はしないわけです。

同じように、マインド・コントロールのせいで人々が統一教会に入信したとしても、心理学者は、何人が勧誘されて何%が入信したというように測定可能なデータだけを使います。そのデータが100人勧誘されて数人が入信したといった数字なら（たいていそんな数字です）、マインド・コントロールなるものの影響力や強制力はほとんど認められない、と結論する場合があります。

しかし、100人勧誘されて3人しか入信しないとしても、法律家から見れば、その数字は驚くべき数字です。なぜかといえば、たとえば100人に声をかけたとすると、そのうち3人までもが教祖の思い通りになってしまうということになるからです。100万人なら実に3万人です。**振り込め詐欺より効率がいいのではないでしょうか。**

こうしてどんなに気をつけていても、交通事故にあうように、金銭だけでなく人生そのものが収奪され、家族、友人、知人も失うような実態としてマインド・コントロールの被害があり、それに苦しむ被害者がいます。

私は心理学者ではなく弁護士ですから、社会的用語としての「マインド・コントロール」は、現在では、充分に「マインド・コントロールの社会問題性」を明らかにする成熟した言葉になっていると思っています。

「性格のよい素直な子」たちがなぜひっかかる？

マインド・コントロールという問題に私が初めてぶつかったのは、1990年に弁護士になった直後でした。**大学時代に家庭教師をしていた女の子が統一教会に引っかかってしまった**のです。あんな素直な子をだますなんて、なぜなんだと思いました。統一教会による霊感商法の被害者の救済を担当した経験から、とんでもない団体だということはわかっていましたが、統一教会信者を脱会させる試みは初めてでした。これをきっかけに私は、マインド・コントロールについて詳細に調べはじめたのです。幸いなことに彼女は、その後なんとか統一教会を脱会してくれました。

霊感商法の問題をあつかったときには知らなかったことも、次第にわかってきました。ウソをつき、だましたり脅したりして金銭を奪う霊感商法は、明らかな不法行為で、ただの悪です。ところが、**マインド・コントロールされた信者の行為は、性格のよい素直な子が心底「よいことだ」と信じ込んでやっている悪なのです。**すると「悪いことだからやめなさい」といっても耳を貸しません。

「悪いことはダメだ」という当たり前の説得が通用しない世界がある。このことに私は驚きましたが、驚いてばかりもいられません。「あなたはそういうけど、もっと突き詰めて考えたら、理論的にはこうなるよ」とか「あなたがいったことは、文鮮明が話したことと矛盾するじゃないか」と、こちらも統一教会について深く勉強し、説得の仕方を試行錯誤しながら工夫していきました。

なにしろ20年以上前のことで、当時「マインド・コントロール」といってもほとんど誰も理解してくれず、この言葉を使うと奇異に見られたものです。勉強しようにも日本語の参考文献は見あたりませんでした。当時と比べると、多くの人がマインド・コントロールについて一定の理解を示す現在は、まさに隔世の感があります。

桜田淳子さんの合同結婚式報道で「マインド・コントロール」という言葉が広まった？

「マインド・コントロール」という言葉が日本で広まったきっかけは、山崎浩子さんの統一教会への入信騒動でした。山崎さんは新体操の選手で、1984年のロサンゼルスオリンピックで8位に入賞したヒロインです。

彼女は1992年8月25日、韓国のソウルで開かれた統一教会の合同結婚式に歌手の桜田淳子さん、バドミントン選手の徳田敦子さんらとともに参加。報じるワイドショーや芸能ニュースはいま以上の大騒ぎで、結婚相手の男性までテレビに登場しました。

山崎さんはその後、家族や牧師に説得され、翌93年4月21日の記者会見で統一教会からの脱会と結婚の解消を表明しました。**会見で涙ながらに「マインド・コントロールされていました」と発言したことで、この言葉が一気に広まりました。**

彼女はマインド・コントロールという言葉を、スティーヴン・ハッサン氏の著作『マインド・コントロールの恐怖』の出版前の校正刷りを読んで知ったのです。この本は偶然にも記者会見と同じ日に発売され、広く読まれました。

私が弁護団の一員として統一教会の伝道の違法性、すなわちマインド・コントロールの違法性を認めさせる訴訟を起こしたのは1991年4月です。もう20年以上の昔になってしまいました。訴訟準備をしていた前年に、88年秋に出た原書を、弁護団所属の全国の弁護士らで読むことを始めました。最初の粗訳は、私も含めた弁護士が分担しておこないましたが、裁判を起こすからには出版すべきだという話になって、カルト問題の専門家としては、日本では第一人者の東北学院大学教授（当時）の浅見定雄先生に最終的な翻訳をお願いしました。それが本になる直前に、山崎さんも読まれたわけです。

山崎さんの手記『愛が偽りに終わるとき』（文藝春秋）によれば、マインド・コントロールが解けるきっかけの一つとして、20世紀の神学者H・ミューラーが書いたキリスト教の教科書『福音主義神学概説』の記述を挙げられています。**山崎さんが記者会見の際に、「マインド・コントロール」という言葉を使われたのは、こうした背景があります。**

山崎さんの脱会カウンセリングにはお姉さんが同居し、とても献身的な説得をされたことを記憶しています。

「マインド・コントロール」と「犯罪」の境界線はどこか？

マインド・コントロールには、似たような言葉がいくつかあります。

「**マインド・アビューズ**」(mind abuse) は「心の虐待」と訳します。精神的な収奪を強調した言葉で、違法性が強く、マインド・コントロールのひどい状態を表す言葉として、欧米でも広く使われています。

「**マインド・レイプ**」(mind rape) は、おもに日本で使われており、海外ではあまり使われません。洗練されたマインド・コントロールの手法を表す用語としては、「レイプ」では語感が強すぎ、実態に即していないからだと思われます。しかし自己啓発セミナー団体で行われるような短期間、短時間での脅迫的マインド・コントロールを表す用語としては、有用な言葉かもしれません。

「**破壊的マインド・コントロール**」(destructive mind control) は、普段使われる日常言語であるマインド・コントロールと区別するためにあえてマインド・コントロールの違法性をとくに強調する言葉として、アメリカをはじめ海外で使われています。ただし、「破壊的」というと、日本語の語感としては「ハンマーでぶっ壊す」ようなイメージで、語感がよくないためでしょう。日本ではあまり使われていません。

前にも述べたように、マインド・コントロールがあったからといって、ただちに逮捕されるわけでも、ただちに違法と認定されるわけでもありません。しかし、マインド・コントロールは不法行為や犯罪と密接に結びついていることがよくあります。マインド・コントロールは多様で多義的な概念であって、狭い意味から広い意味までさまざまに使われ、ときにわかりにくかったり、曖昧だったりするのです。

右の三つの言葉は、そんな**多義的で曖昧なマインド・コントロールには、悪質で違法な場合が少なからずあるのだ**、という主張や立場を込めて登場しました。

多義的な概念という点では、マインド・コントロールはセクシャルハラスメント（性的嫌がらせ、セクハラ）とよく似ています。セクハラのすべてが、ただちに犯罪になるわけではありません。しかし刑事事件にならなくても、民事訴訟で損害賠償が認められるセクハラもあります。セクハラをはね除けた女性が、周囲からひどいいじめを受けたり不当に

図表1 マインド・コントロールは犯罪と密接に結びついている!

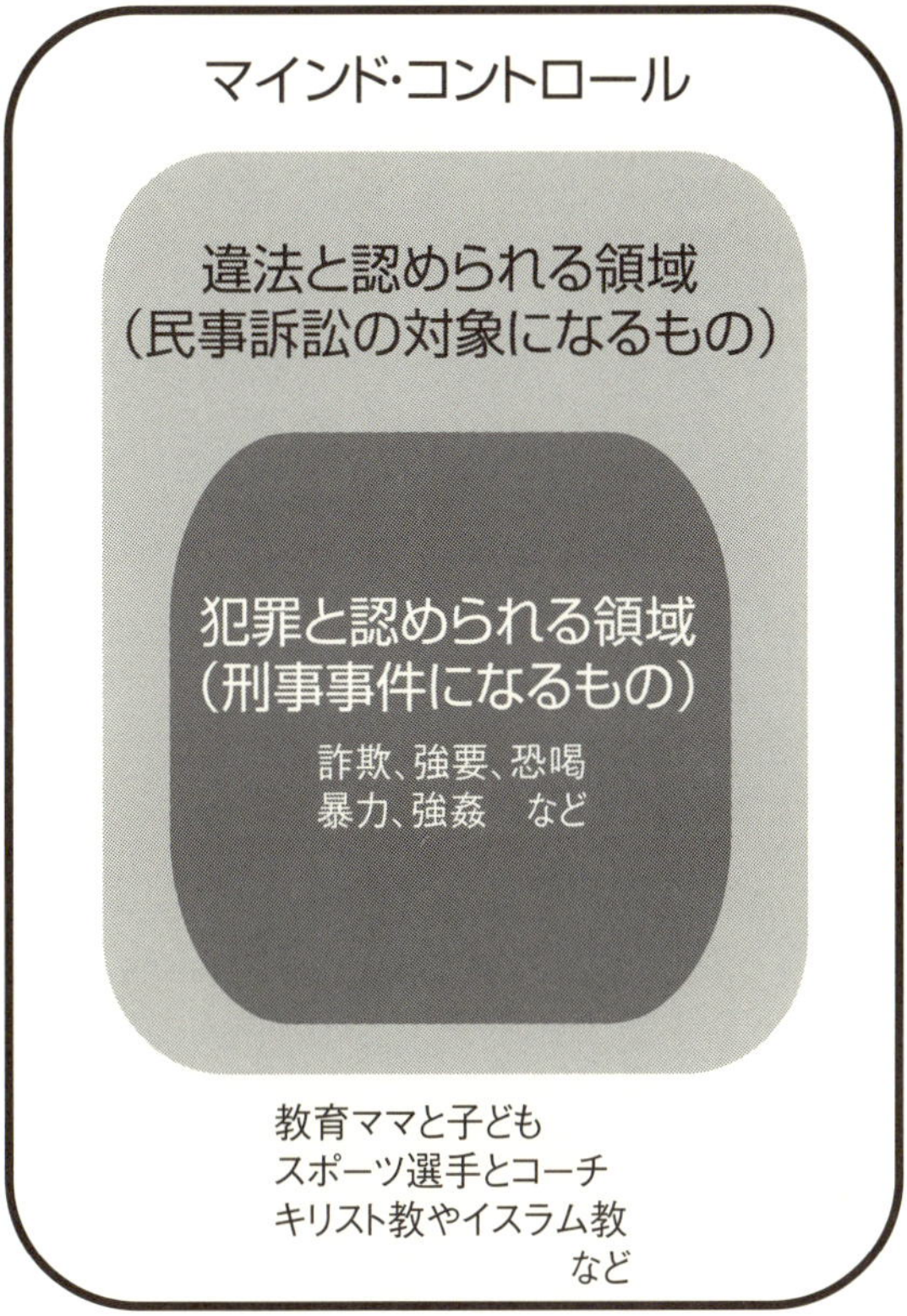

編集部作成

解雇されたりして、労働訴訟に発展することもあります。セクハラが高じてレイプまでいけば、もちろん犯罪です。

マインド・コントロールと犯罪の関係は、65ページの図表1を眺めていただければ、およそのところを理解していただけるだろうと思います。

いちばん外側に、もっとも広い意味でのマインド・コントロールという広大な領域があります。その中に、私たちがこの本で問題とする、違法性を問われかねないマインド・コントロールの領域があります。これは、犯罪にはならないとしても犯罪に近い領域（薄いグレー）と、はっきり犯罪と認められる領域（濃いグレー）に分かれます。

もちろん、**世の中の犯罪は、マインド・コントロールにまったく関係しないもの、広い意味のマインド・コントロールに関係するもの、問題のあるマインド・コントロールに関係するものがあります。**

マインド・コントロールがあり、刑事事件にはならなかったものの民事訴訟では損害賠償請求が認められたという事件は、薄いグレーの領域に入ります。第2章と第3章でこの先詳しく見ていくようなマインド・コントロールにからむ犯罪、つまり詐欺、強要、恐喝、暴力、強姦といったものは、濃いグレーの領域に入ります。

「マインド・コントロール」と「洗脳」は、どう違う？

マインド・コントロールは、「洗脳」（ブレインウォッシング）とどう違うのか。これもみなさんからよく聞かれることです。

洗脳は、中華人民共和国が成立（１９４９年）したあと、数年にわたって全国的におこなわれた知識人の思想改造に対して、中国外の反対者が非難するときに使った言葉とされています（平凡社『世界大百科事典』の記述による）。

逆に、朝鮮戦争（１９５０～53年）で捕虜にしたアメリカ兵に対して共産主義を信じるよう迫った行為を、中国共産党自らが洗脳と呼んだ、という説もあります。

いずれにせよ、ブレインウォッシングがアメリカで騒がれたのは、共産圏に捕らわれた米兵が次々と「自分は共産主義者だ」と宣言し、その映像や手紙が公開されたからです。

同じようなことは、戦後ソ連や中国に抑留された日本兵や、ベトナム戦争で捕虜になった米兵に対してもあり、文化大革命時代の中国は国民に対してやっていました。

洗脳がマインド・コントロールと異なるのは、単純な精神操作にとどまらず、隔離・拘束・監禁・暴力（ときには拷問）・薬物使用といった外形的な行為がともなう点だと考えられています。

敵国の捕虜となって収容所に入れられた兵士は四六時中、生命の危険を感じる監禁状態にあります。そのなかで徹底的な教化学習、自己批判を強制され、場合によっては暴力を受けて、「北朝鮮という国はすばらしい」などと言い出すわけです。

したがって、**洗脳は監禁状態がなくなれば解けやすいのです。**たとえば、捕虜だった兵士が帰国すると、やがて自然に共産主義思想を捨ててしまいます。

これに対してマインド・コントロールの場合は、精神的な強制は受けていても、外形的に強制する要素がないために、本人が思想や信念を自分で選んだかのように錯覚していま す。社会心理学者の西田公昭教授は「belief」という言葉を使っていますが、**「物理的な意味での身体的拘禁や拷問を用いず、当人が操作されていることさえ認知しないよ**

うな状態で、個人のアイデンティティを別のものに導くテクニック」です。本人が自由意思の結果だと確信する〝信念の体系〟が、できあがってしまっているのです。だから環境が変わっても、自分からその体系を崩そうとはしません。そのためマインド・コントロールを解くには、専門家による適切なカウンセリングが必要となります。

マインド・コントロールで駆使される心理的テクニックとは？

いま、洗脳とマインド・コントロールの違いとして、監禁や暴力といった外形的な行為の有無を指摘しました。

しかし、マインド・コントロールは、監禁や暴力など人が明らかに「嫌だ」「不利益になる」「大きなマイナスだ」と感じるやり方をともなわないだけではありません。ここで強調しなければならないのは、**マインド・コントロールが始まるときは、人が「好ましい」「利益になる」「大きなプラスだ」と感じるやり方が駆使され、とても魅力的**

で心惹《ひ》かれる場合がほとんどだ、ということなのです。

この点については、マインド・コントロールという言葉こそ使わない心理学者たちが、科学的に妥当とされるさまざまな実験や観察を通じて、どんなやり方があるかを提示してくれています。

そのやり方、手法、手段は、人が誰でも持っているごく一般的な心理に働きかけ、心を惹きつけていくもので、別に怪しげな霊能者やカルト的な集団だけが使う方法ではありません。有能なセールスマン、広告宣伝担当者、オピニオンリーダー、政治家なども、その方法を駆使します。テレビCMや新聞・雑誌・インターネットなどの広告にも、同じ方法があふれています。

有能な生命保険のセールスマンは、最初から「この保険に入ってくれ」などとは、まずいいません。たとえば、こんな具合です。

最初は、あなたが玄関先に置いた植木鉢に水をやっているとき、通りから「きれいなお花ですね」と声をかけてきて、花と天気の話しかしない。次に来たときは、花の種をくれる。その次は、たまたま朝のゴミ出しの時間に通りかかって、手伝ってくれる。

ちょっと親しくなって、あなたが「お茶でも飲んでいく？」というと、恐縮して一度は断る。さらに誘うと座敷に上がり、肩まで揉んでくれる。そのうち、どちらともなく生命保険の話が出ると、掛け金が高い保険プランを見せる。「高すぎる」というと、「そうですよね。これはお勧めしません。それより、お孫さんの学資保険はいかがですか」と、毎月の小遣いの一部を回せば入ることができる保険を勧める。だから入ることに決めた。

何カ月かたって、あなたがちょっと病気した直後に来たとき、また保険の話が出る。今度は高いプランをいくつか見せたあと、先月から発売になった「とてもお得なプラン」を提示して勧める。「あと5日しかありませんが、月末までは割引キャンペーンが適用されますよ」「近所の○○さんも入ってくれました」「テレビCMに△△さんが出ているでしょう」「この新商品は好調で、当社の株価も上がっているんです」などと説明する。それではと、月2万円の保険プランに加入する。

どうですか。怪しいところや違法な点は何一つないし、人がよさそうなセールスマンだし、あなたはお得なプランに入ることができたし、万事めでたしめでたしです。

ところが、**いま紹介したやり方には、人間心理を巧みに利用して人から信頼を獲**

得し、最終的に「YES」（はい）といわせる心理的なテクニックがちりばめられています。

驚かれましたか。いずれも、**セールスや広告分野では長年の経験から非常に効果的とされ、確立されている手法です。占い師や霊能師やカルト的な教団も、まったく同じ手法を使うことを、どうかくれぐれも忘れないでください。**

思いどおりに人を動かす「6つの原理」とは？

アメリカの社会心理学者チャルディーニ博士が著した『影響力の武器［第三版］――なぜ、人は動かされるのか』（誠信書房）という、アメリカでは社会心理学の教科書にもなっている有名な本があります。チャルディーニ博士の著作は、広告業界にも大きな影響を与えています。私は、チャルディーニ博士に会って話をしたこともありますが、カルト被害の救済の問題にも非常に理解がある世界的な権威者の一人です。

チャルディーニ博士は、セールスマン、募金勧誘者、広告主といった〝承諾誘導のプロ〟の世界に潜入し観察。彼らのテクニックや「YES」と応じる人間心理のメカニズムを解明しました。そして、承諾誘導のプロが相手に「YES」といわせる手法は何千とあるが、その多くは6つの基本的なカテゴリーに分類できると述べています。この6つの原理(ルール)は、人間の行動を導く基本的な心理学の原理に基づいており、彼らの手法にパワーを吹き込んでいるというのです。簡単に紹介しておきましょう。

①返報性……「**人から何らかの恩恵を受けたら、お返しをしなければならない**」という原理。生命保険のセールスマンは、花の種をくれて、ゴミ出しを手伝い、肩まで揉んでくれた。何かお返しをしなくてはと思ってお茶を出したが、まだ借りがある。彼が勧める保険に入れば、お返しができると考えてしまう。

②コミットメントと一貫性……「**自分が何かしたら、その後も以前にしたことと一貫し続けたい**(一貫していると人から見られたい)」という原理。お孫さんの学資保険に入ったあなたは、次に生命保険に入るときも、同じ会社の同じセールスマンに

しようと思う。別の保険会社に変えれば、あなたの前回の判断には問題があったことになってしまう。「コミットメント」は訳しづらい言葉で、日本語では「(責任をともなう)約束」といった意味だが、一貫性とあいまって、人は自分で決めたことや約束したことは、後から変更することが非常に難しくなる。マインド・コントロールは、他者からの働きかけによって、本人に一つ一つの決断を迫っていくものだが、このコミットメントと一貫性とあいまって、次第に引き返すことが困難となる。

③**社会的証明……「人は、他人が何を正しいと考えるかに基づいて、物事が正しいかどうかを判断する」**という原理。生命保険のセールスマンは「近所の○○さんも入ってくれました」といった。○○さんは保険の専門家でもないのに、あなたは「それならば」と思ったはず。

④**好意……「人は、自分が好意を抱いている人からの頼みを受け入れやすい」**という原理。あなたが大切にしている花を誉めたセールスマンを、あなたは「悪くない人だ。自分と趣味が合う」と思うことになる。肩を揉んでくれたときは、好意を感じる。自分が好いている人の頼み事なら聞いて当然だ、と考える。

⑤**権威……「人は権威に弱く、権威者の命令や指示には深く考えずに従いがちである」**という原理。セールスマンが勧めるパンフレットには、有名なベテラン俳優の顔写真が掲載されている。その会社はテレビCMの放映もたくさんしており、株価も高い。これらはすべて会社の権威性を高める。権威ある人が、権威ある会社の生命保険を勧めているのだ。安心して加入できる、と考えてしまう。

⑥**希少性……「あるものが手に入りにくくなればなるほど、それを得る機会が貴重と思えてくる」**という原理。生命保険のセールスマンは、「キャンペーンがあと5日で終わってしまう」といった。このチャンスを逃す手はないだろう。急いで手続きをしなければ、自分は損をしてしまう。デパートのバーゲンやタイムセール、通販番組などで、多くの人が体験する。

チャルディーニ博士は、このように影響力の武器となる心理的な原理原則を右の六つにまとめました。なお博士は、六つの原理の中に「物欲の原理」、つまり人は選択をする際にできるだけ少ない支出で多くを得ようとする、という原理を「当たり前の動機、いうに及ばぬ要因」として含めなかったと述べています。

これ以外にも、実は有能なセールスマンは、同じ本に出てくる「拒否したら譲歩」テクニック（拒否される前提で大きな要求を出し、拒否されたとき譲歩して小さな要求を出せば、受け入れられやすい）や、「知覚のコントラスト」と呼ばれる原理（高価なものを見せた直後に安価なものを見せると、実際以上により安いと感じる）を使っています。賢明な読者は、もうお気づきですね。

前者は、洋服店に入ると、高価な洋服までは買えないけれど小物をいつも買わされてしまうといった場合に、後者は不動産や自動車のセールスで高いものから客に見せていくと、普通に高いものが安く見えてしまうという手法として、よく使われているテクニックです。

テレビCMでは「いまから10分間だけ電話受付」「限定300セット」、インターネット通販サイトでは「在庫一掃大幅値下げ」「あと13個！」「タイムセールは深夜0時まで」「ここだけ・いまだけの訳あり商品」といった惹句《じやつく》が氾濫しています。いずれも希少性の原理です。「箱つぶれで店頭販売できません。訳あり商品が、あと13個！」なんていわれると、なくても困らない商品を、売り切れないうちに買おうとついつい思いがちですが、世の中そう甘くありません。業者がわざと箱をつぶしたのかもしれません。

普通の会社でも、そのくらいやります。**マインド・コントロールを仕掛ける霊能師やカルト的な団体が、もっと巧妙に心理誘導テクニックを駆使するのは当然でしょう。**そのマニュアルが作成されていることも珍しくありません。あなたに近づく親切そうな人が、カルト的な団体や自己啓発グループの一員とは、最初はまったく気づかないはずです。

彼らが霊感商法で何かを売りつけるときは、インターネット業者と同じように希少性の原理を使います。

たとえば、あまり誘われるので道場と呼ばれる場所に顔を出してみたら、「いま、たまたま有名な××先生が見えている。10分だけなら話を聞いてくれるそうです。今日を逃すと、次はいついらっしゃるかわからない。ご病気のこと、ちょっと相談してみたらいかがですか」と霊能師に引き合わせる。これが希少性の原理です。

「6つの原理」は、いつでも誰にでも効果的なのか？

もっとも、カルト的な集団のマインド・コントロールでよく使われる影響力の武器は、すべての人に100％適用できるとは限りません。10人中7〜8人は同じ方法でいけるというように、有効なことは確かですが、違うやり方をしたほうが効果的な人もいます。

最初は相手に耳あたりのよい話題を持ち出すのが基本ですが、人によっては、相手が嫌がる話題や悪い話をガツンとぶつけ、追い詰めてしまったほうがよい場合もあります。最初から頭ごなしに「あんたの生き方は全然ダメだ！　いったい何をやっているんだ！」と怒鳴りつけたら、かえって強く信頼される場合もあるというわけです。

つまりマインド・コントロールには、もともと対人カウンセリング的な要素があり、相手によってやり方が異なります。逆にいうと、マインド・コントロールに長《た》けた人物は、この相手にはどのやり方が効くかをいち早く見抜く力があるのです。

ですから、マインド・コントロールの被害者がどんなマインド・コントロールのテクニックを用いられたのかは、最終的には本人に聞いてみなければわかりません。どの手法が使われるかは、被害者の性格によっても、また被害者の考え方や気分の浮き沈みによっても異なります。

相手の状態と使った手法がうまくマッチしたときは、マインド・コントロールがどんどん深まってしまいます。

カルト集団が使う「強迫観念」を植え付ける手法とは？

問題のあるマインド・コントロールを駆使されたときに生じる典型的な感情は、「強迫観念」と「依存心」です。

先ほど紹介した心理的テクニックの結果、詐欺同然の買い物をさせられてしまうだけの人もいれば、さらに進んでカルト的な集団にはまって抜け出せなくなってしまう人もいます。両者を分けるポイントは強迫観念と依存心だ、ともいえるでしょう。

強迫観念は、マインド・コントロールを、「心理的委縮」でなく「行動原理」につなげるために、なくてはならないものです。たとえば熱心な教育ママの子は「勉強しなければ。いい大学に入らなければ」が強迫観念になります。

読者のなかにも「いい大学へ入らなければ、父さんのようになっちゃうよ。ずっと安月給でいいの？」なんて四六時中お子さんにいっているお母さんは、いませんか。

ほどほどにしてほしいと思いますが、人間というものは、ある程度の強迫観念的な考えがなければ、行動を持続させるのが、なかなか難しいことも事実です。勉強でも仕事でもスポーツでもそうで、ただ楽観的なだけではうまくいかないでしょう。試験に落ちたらどうしよう、係長になれなかったらどうしよう、県の選抜選手に選ばれなかったらどうしようといった不安な思いは、人を努力させるエンジンのような働きをします。だから、強迫観念的な考えを、一概に不健全と決めつけることはできません。

病的な強迫観念はまた別です。不合理で意味のないような観念に悩まされ、それを振り払うため強迫行為と呼ばれる行動（たとえば繰り返し手を洗う、しきりと机上の物の位置を直すなど）を繰り返し、強迫性障害という精神疾患と診断される場合もあります。

そこまでいかないにせよ、**カルト的な団体などのマインド・コントロールでは、相手に強迫的な観念を植えつけようとする例が頻繁《ひんぱん》に見られます。**

正確にいうと、その人の強迫観念になりそうなものを見つけて、より強い強迫観念になるように仕向けます。それが見つからないときは、外から植えつけるわけです。

たとえば「あなた、何か悩み事はないの？」「とくにありませんけど」「いや、それは問題よ。悩みがないということ自体が、人間としておかしいんじゃない？」と、悩み事のない人に、わざわざ悩み事をつくってしまいます。そして、マインド・コントロールの手法を駆使して、その悩み事を大きく強くします。その悩み事を相談し解決するには、私たちのグループに入ればいい、この人に帰依すればいいという方向に持っていくのです。

このプロセスで、悩みの原因は先祖の霊が取りついているからだ、このままでは結婚できない、必ず病気になってしまう、世界が破滅するときに救われないなど、根も葉もないようなことを吹き込んで不安感を煽ります。

強迫観念を植えつけて大きくし、不安や恐怖を煽ること。これは、問題のあるマインド・コントロールに見られる典型的なパターンなのです。

自分でものを考えられなくする「依存心」の手法とは？

ある人の心の中で強迫観念が大きくなっていくと、マインド・コントロールする側は、それを打ち払って健全な自分を取り戻すには、占い師なり霊能師なり教祖なりに頼るしかない、という話を盛んに吹き込み、依存心を膨らめていきます。

教育ママでいえば「勉強しなければ、お父さんみたいになっちゃうよ」と子どもを煽って、「だから、ママの言う通りにしなければダメ。わかった？」と、子どもを自分に依存させるわけです。こうして、**自分以外の誰かに頼る依存心が膨らみ、自分でものを考えなくなっていきます。**これも問題のあるマインド・コントロールの典型的なパターンです。

教育ママのケースであれば、いくら頑張ってみても、友だちや先輩に「おふくろさんなんて、適当にあしらっときゃいいんだ」などといわれた子どもが、依存心を振り払い、成長とともに自立していくのが普通でしょう。マインド・コントロールする側は、そうならないように、依存心を何年も持続させることに力を注ぎます。

そのためには、子どもに〝余計なこと〟を吹き込んだ友だちや先輩のような存在を、できるだけ排除する必要があるでしょう。そこで、マインド・コントロールするときは、本人を両親や兄弟姉妹などの家族、あるいは友人から引き離すことが基本になります。家族や友人と断絶させ、外部からの情報を遮断し、相談したり頼ったりできるのは霊能者や教団関係者だけという依存状況をつくってしまうのです。

「強迫観念」と「依存心」の二つは、いつもたいていセットになっています。これは問題のあるマインド・コントロールを見きわめる重要なポイントです。

人の話をまったく聞かなくなるダブルバインド（二重の呪縛）とは何か？

マインド・コントロールとは何かという説明の最後に、「ダブルバインド」という概念を紹介しておきましょう。日本語では「二重の呪縛《じゅばく》」です。

これは何かというと、マインド・コントロールが深まっていくと、他者からの働きかけによるコントロールだけでなく、**マインド・コントロールされたその人のセルフ・コントロールという問題が生じて、心の支配が二重に解けにくくなってしまう場合があるのです。**

カルト的な集団に入った人が「生活のあらゆる局面で教組の指示に従わなければ、地獄に堕《お》ちてしまう」と思い込まされたとします。それでも、たまには教祖の指示に反することを考える瞬間があるでしょう。教祖が夜を徹して祈れと指示しても、今日は寝たいと思ったりする。しかし、思った瞬間に恐怖感がわいてきて、寝たいと思う心を自分で抑えるようになります。恐怖を抑えるために、セルフ・コントロールするわけです。

この状態に至ると、他者からの働きかけと自分の心による働きかけという二重の縛りがその人の心を支配します。これがダブルバインドで、元に戻すのは容易ではありません。

ダブルバインド状態の人は、説得する人の話を聞きません。話を聞くと教祖の指示について考えなければならず（考えることは罪だと教わっています）怖くなるので、話を聞くこと自体が怖くなり、聞かないようにセルフ・コントロールするのです。すると、日常会話は普通にできますが、教祖や教義の話題になると顔つきが一変し、黙り込んだり、平気でウソをついたりします。

そんな人には、まず聞く耳を持たせ、話を聞くこと自体は怖くないというところに持っていきます。つまり、まずセルフ・コントロールを解きます。次に他者からの働きかけを解きます。**二重の呪縛だから、二段階に分けて解いていかなければなりません。**

自分で自分を支配するセルフ・コントロールは、スポーツトレーニングなどで使われ、一般的にはポジティブでよいことだ、と評価されることが多いですが、マインド・コントロールの状況下では、自分を縛る道具にも使われるもので、深刻な問題があります。

「ダブルバインド」については、私の著・訳書である『カルト宗教——性的虐待と児童虐待はなぜ起きるのか』（アスコム）でも触れています。

第2章

「霊感商法」のマインド・コントロールの手口

「霊感商法」とはどういうものを指すか？

ここからは、**マインド・コントロールによる具体例な被害を検討しましょう。**

まず第2章では、霊感商法、開運商法、勧誘商法などと呼ばれる悪徳商法（悪質商法）が、どのようにマインド・コントロールを仕掛けて、常識的にはほとんど価値のないような壺や石や玉などを何十万円、何百万円という法外な価格で売りつけるのか。なぜ被害者はそれを買ってしまうのかを、実例を挙げて見ていきます。

続く第3章では、カルトと呼ばれる宗教集団が、マインド・コントロールによって信者たちをどのように集め、支配するかを、実例を挙げて見ていきます。統一教会は、霊感商法によって巨額の資金を社会から吸い上げていますから、第2章と第3章のどちらにも登場することになります。

悪徳商法の一つである「霊感商法」は、霊感があるように振舞ったり、先祖の霊のたたりなどの話をすることで、狙いをつけた人の不安や恐怖を煽り、商品を法外な値段で売りつけたり、不当に多額の金銭を奪い取る商法のことです。

葬式を頼んだとき、お寺から戒名料《かいみょうりょう》やお布施《ふせ》を請求されても、住職が「亡くなったお父様の霊が、その金額だといっています」とでも口走らない限り、霊感商法とは呼びません。極端に法外な請求ならば悪徳商法かもしれませんが、戒名料にはランクがあって事前に金額がわかるのが普通ですし、お布施は本来、金額に決まりなどなく、出されたものをありがたく受け取るという性質のおカネです。

日本で霊感商法の問題を引き起こしているのは、金額ベースでは統一教会の被害が最大だと考えて差し支えありません。そして残りを、あるときは「明覚寺」が、あるときは「法の華三法行」が、また別のときはあるときは「神世界」が占めるという割合になっています。

２０１１年に神世界の霊感商法が摘発されて以後は、女性誌などの広告で客を集めて開運ブレスレットや数珠《じゅず》を売り、これを糸口に次々にグッズを売りつける霊感商法が拡大しています。被害急増を受けて２０１２年２月２日、国民生活センターがその手口に注意をうながす発表をしました。これについては後に詳しく述べましょう。

被害額は年間数千億円って、本当？

統一教会の霊感商法が騒がれはじめたのは、1970年代後半から1980年代にかけてです。霊感商法や開運商法と呼ばれる事例は、それまでほとんどありません。あったとしても霊能者や占い師などが個人的にものを売りつける散発的な事件で、組織の関与はありませんでした。**組織的な霊感商法を始めたのは統一教会です。**

ちなみに日本の霊感商法に類するような被害は、欧米にはほとんどありません。キリスト教に根ざした欧米社会では、そもそも統一教会をまともに相手にする人が、金銭的なつながりは別として、ほとんどおらず、統一教会が詐欺的行為を働けば、すぐ摘発されてしまいます。霊感商法の老舗《しにせ》にして最大手の統一教会が跋扈《ばっこ》できないので、欧米の霊感商法マーケットは広がりません。海外で問題になるのは、多額の献金や寄付金を取られたといった事件でしょう。

日弁連（日本弁護士連合会）が霊感商法問題の調査を始めたのは1987年。被害救済のために約３００名の弁護士が「全国霊感商法対策弁護士連絡会」を結成したのは同年5月でした。弁護団を組むなど被害救済の裁判が始まるのは、80年代末からです。

そのころ統一教会の霊感商法がピークに差しかかります。92年に韓国のソウルで3万組の国際合同結婚式が開かれ、桜田淳子さんや山崎浩子さんらが参加した前後が絶頂期でしょう。94年5月には福岡地方裁判所で、信者らの不法行為に対する使用者責任があるとして統一教会に損害賠償を命じる判決が出ました。これが統一教会の霊感商法をめぐる民事訴訟の最初の判例です。

93ページの図表2に、全国霊感商法対策弁護士連絡会がまとめた統一教会の霊感商法による被害額（弁護士連絡会の窓口や消費者センターに相談があったものについて、被害者から相談のあった被害金額の合計）を掲げておきます。

いちばん多いのは１９８７年の約１６４億円ですが、これは相談窓口がなかった86年以前の分も含むと思われますから、**実質的なピークは93年の約１２２億円。**次に多いのがバブルがはじけた91年の約92億円です。おカネに余裕がなければ、献金や浄財をする人も、壺や多宝塔を買う人もそうはいないでしょうから、霊感商法の拡大や縮小は、バブル経済の膨張や崩壊にも関係があります。

その後の被害額は、霊感商法に関する啓発が進んだこと、オウム真理教事件の影響、経済の停滞などによって減っていき、ほぼ年間20～30億円で推移しました。２００６～09年に約40億円と増えたのは、03年頃から景気がやや上向きになったせいかもしれません。２０１０年代に入ると２０１３年は少ないですが年間十数億円というところです。

ただし、忘れてならないのは、弁護士や消費者センターなどに相談があった被害額が年間十数億円ならば、**おそらく実際の被害額はその１００倍ほどにも達するだろう**、ということです。現実の被害額が、年に数千億円あっても、何の不思議もありません。

みなさんは、「ちょっと過大に見積もりすぎではないか」と思うかもしれませんね。

しかし、会社や店が倒産するときでも、弁護士に相談する債権者は、せいぜい10人に一人です。残り９割の人は、会社や店を失うような多額の金銭的な損害があっても「仕方がない」と諦めてしまうのです。

数十万～数百万円の被害を受けて貯金の多くが失われてしまったものの、倒産や自己破産には至らなかったという事件では、弁護士に相談する人はケタ違いに少なくなります。

図表2 いまだに年間10億円を超える統一教会による霊感商法の被害

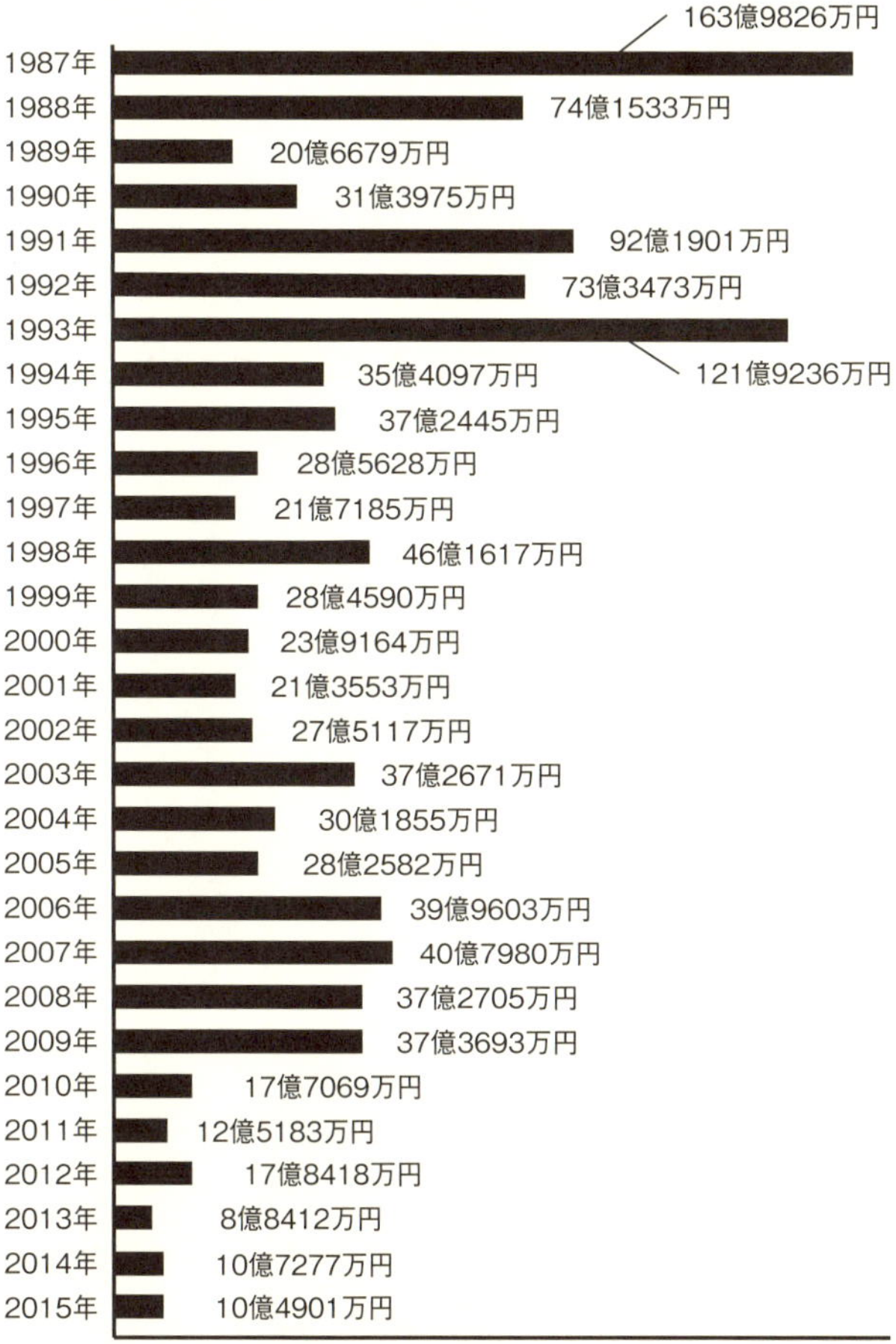

金額は1万円未満切り捨て
全国霊感商法対策弁護士連絡会の資料より編集部作成

実際、30万円の壺を買わされたとしても、弁護士の知り合いもいないし、窓口もわからない人というには、相談自体のハードルが高いのです。

相談するとおカネがかかると思っている人もいるようです（大丈夫、心配しないでください。巻末222ページで相談窓口を紹介していますが、電話やメールの相談でおカネがかかることはありません）。相談して交渉が必要となれば、これにはおカネと時間がかかります。それでも30万円しか戻らないのなら、相談するだけムダで、そんなことより一生懸命働いて稼ごうと思う人が多いでしょう。ですから、泣き寝入りの人を含めると、**現実の被害額は、相談額の100倍くらいというのは、私も含めて消費者被害の救済に関わる現場でいわれていることです。**

統一教会だけで霊感商法の被害額は、最大年1兆円もあった？

相談があった統一教会による霊感商法の被害額は、ピーク時に100億円以上ですから、

90年代はじめころの実際の被害額は年に1兆円規模だった可能性があります。

仏教系の新宗教のなかでもっとも活動が盛んな教団の一つ、創価学会の会員数は公称約800万世帯です。実際は300～500万人と見積もる人もいますが、それはさておき、仮に800万人が年に一人平均で10万円ずつ献金したとすれば8000億円です。**統一教会は創価学会に匹敵する金額を集めていた時代がある、**という話になります。ところが、創価学会の会員が数百万人規模に対して、統一教会の信者数は、ピーク時の出家信者数が2～3万人で、在家信者を入れても十万人規模。ケタが一つ小さいのです。

マインド・コントロールを駆使した霊感商法によって、統一教会がいかに巨額のカネを集めていたか、驚かれたのではありませんか。教団と関係ない一般の人からカネを吸い上げなければ1兆円に近づくような金額にならないことは、いうまでもありません。

しかもそれが70年代から続いていました。そこで警察はようやく重い腰を上げて、2007年頃から、「特定商取引法」という法律を使って摘発を始めました。

特定商取引とは、訪問販売、通信販売、電話勧誘販売に関係する取引、連鎖販売取引（いわゆるネズミ講やマルチ商法など）、特定継続的役務提供（エステティック、語学教育、学習塾、家庭教師、パソコン教室、結婚情報提供などで、期間2カ月［エステティックは1カ月］以上、金額5万円以上のもの）に関係する取引、業務提供誘引販売取引（パソコンを買うと業者がデータ入力業務を提供する、資格試験講座を受けて資格を取ればその資格が必要な業務をあっせんする、名簿を買いダイレクトメールの宛名書きをすれば商品が売れたとき収入が得られる、といった類のもの）を指します。

ところが、特定商取引法による摘発は容易でも、懲役刑が軽いうえ、1回目は実刑にならず罰金で済んでしまいます。しかも、取引の公正化や被害者の損害防止を主な目的とする法律ですから、摘発の手が物販会社を越えて大元の統一教会までなかなか伸びません。

2009年11月、統一教会信者の印鑑販売会社「新世」事件裁判で、東京地裁が社長らに特定商取引法違反による懲役刑などを言い渡したことがありますが、統一教会は「無関係」と強調。統一教会が家宅捜索されたこともありますが、**統一教会の本体が組織的な詐欺を働いているとして摘発されたことは一度もないのです。統一教会本体に摘発のメスが入らなければ、日本から霊感商法を根絶することは難しいのが現状です。**

家屋敷まで巻きあげる手口とは？

統一教会の組織的なカネ集めの典型的なやり方を紹介しておきましょう。

夫に先立たれた資産家の女性がいるとします。すると統一教会では、女性から資産をだまし取るため、資産を調査する係、資産を評価する係、女性に最初に声をかける係、声かけ係を補佐する係、霊能師の係、霊能師係を補佐する係、統一教会の教義を教え込む教師係など、10人くらいのチームをつくります。統一教会ではこうした組織を「サミット」と呼んでいました。**このチームが一丸となってマインド・コントロールの手法を駆使し、女性に近づき、取り込んでいきます。**

信者として取り込まれていく被害者が「10人のチーム」と見抜くことは、ほとんど不可能です。「きれいなお花ですね」と声をかけてきた第1章のセールスマンを思い出してください。統一教会の周到な作戦は、あのように何気なく始まります。

たとえば、**最初に親切そうな女が現れる。**女は、たまたま趣味が女性と同じ編み物で、とても話が合う。編み物、お茶、お花、観劇、旅行など何でもよいですが、なぜか「たまたま趣味が同じ」なのは、もちろん調べたうえで現れたからです。

次に女と会ったとき、女の知り合いという別の女が、これもたまたま通りかかる。話してみると、自分と同じひどい腰痛持ちとわかる。この二番目の女が、しばらくすると**「自分は占いを勉強していて、楽しい集まりがある」などと誘う。**

道場のようなところに行くと、その女が「今日は霊能師の偉い先生がいらしていて、いまお帰りになるところですって。10分だけ、腰痛の話を聞いてもらったら？」という。

まんまと女性を霊能師係に会わせても、それだけではよくわからない話をしていると驚かれ、おしまいになりかねません。そこで今度は、霊能師とは別の教師係が登場し、たとえば「地獄で苦しむとはどういうことか」をわかりやすく教え込む。これは統一教会の教義に基づきますが、女性は教義を教えられているとは思いもしません。

このとき実は、調査係や評価係によって女性の資産がすっかり調べ上げられ、何千万円と査定されています。全員がはじめからグルで、女性が腰痛持ちであることは、最初の女が世間話をするうちに聞き出して二番目の女に教えたのです。

占い料は最初は3000円くらいですが、霊能師が除霊しても腰痛がよくならなければ（必ずよくなりません）、「悪霊が重いから」「過去にさまざまな罪を重ねているから」などといって、壺だの多宝塔だの人参液だの印鑑だの数珠だのを売りつけます。**最悪の場合は、家屋敷を手放さなければならないところまで、搾《しぼ》り取られてしまうのです。**

法の華三法行の「足裏診断」も統一教会のバリエーション？

統一教会以外の霊感商法は、どれも統一教会のバリエーションと考えてよいでしょう。統一教会にはそれだけ、さまざまなパターンが出つくしています。しかも統一教会の場合は、勧誘が組織立っていてマインド・コントロールの手法も非常に洗練されており、それが宗教的な色彩を帯びますから、悪徳商法や詐欺にも見えにくくなっています。

「法の華三法行」は、町工場の経営者だった福永法源こと福永輝義が、倒産を機に自己啓発セミナー（スローガンは「最高です！」）的な手法を利用した宗教団体を興し、自ら教祖となって1987年に宗教法人を立ち上げたもの。最盛期は95年頃で、当時の公称信者数は10万人ですが、実際には数千名、出家信者は数百名しかいませんでした。

福永法源こと福永輝義は「足裏診断」と呼ぶ面談で「足の裏のほくろはガンになる」「2001年に人類は滅亡する」などと不安を煽り、ニセ仏舎利《ぶっしゃり》（仏教を開いた釈迦の骨）や自分の手形・色紙などを売りつけたほか、「法納料」として多額の金銭を巻き上げました。これが詐欺罪に問われ、2000年に教祖やその母親ら幹部12名が摘発され、当然ですが、福永法源こと福永輝義は、詐欺で有罪となりました。

こうして**法の華三法行は破産して解散しましたが、残党が「天華の救済」という宗教団体を新たにつくりました**（2016年10月からは「第3救済慈喜徳会」とも名乗っています）。10年以上へた今でもなお福永法源こと福永輝義を教祖として、「天華三法行」の実践が必要だとして、活発に活動し教勢を拡大してきており、注視が必要です。

「神世界」は、2000年に設立された有限会社神世界やその提携企業が、体調不良や悩みを取り除く霊的治療をうたってヒーリングサロンを全国展開。癒《いや》しを求めて相談に訪れた人からヒーリング代や祈願代、さらにサロンで販売する「ライセンス」と称するお守りその他の物品の購入代金として多額のカネを集めていました。

07年には神奈川県警警備課長だった警視が、勤務中に神世界の副業をしたり、部下の勧誘で報酬を得たりしていた地方公務員法違反の問題が発覚。09年5月には、神世界に損害賠償を求める訴訟が起こされました（神世界被害対策弁護団の団長は私です）。2011年には教祖・斉藤亨ら教団幹部が詐欺罪で逮捕されます。そして、2012年3月、斉藤亨は詐欺であることを認め、同団体の自主解散を宣言しました。

私自身、これまで教祖の逮捕の事件としては、法の華三法行、次に述べる明覚寺（いずれも宗教法人形態、事案は詐欺）、オウム真理教（宗教法人形態、事案は殺人等）、SPGF（シャクティパットグル・ファウンデーション、旧ライフスペース、会社形態、事案は殺人）など、いくつかの宗教ないし宗教的被害事案に関わってきました。しかし、**教祖的立場にいる人物が、刑事裁判ではっきりと有罪を認めたのは、この神世界事件が初めてです。**また自主解散するというのも神世界事件が初めてです。

そもそも教祖が有罪を認めたという事件は、戦前はあったでしょうが、自由な社会の戦後では、初めてのケースだと思います。日本の宗教史においても、画期的な事件となっています。ですから神世界事件は、霊感商法事件としてもマインド・コントロールの被害事件としても、もっと注目されてよい事件だと思います。

100万円単位で供養料をとる「霊視商法」の手口とは？

「本覚寺・明覚寺グループ」は、霊感商法の一種で「霊視商法」をおこなっていた宗教団体です。

これは千葉で水子菩薩の訪問販売会社をやっていた西川義俊という人物が、1987年に宗教法人本覚寺を設立。新聞折り込みチラシで水子供養、先祖供養、恋愛成就などの格安相談をうたって人を集め、**霊視鑑定と称して「水子の霊が憑いている」「このままでは不幸になってしまう」**などと脅し、**100万円単位の供養料を巻き上げていたもの。**

私の手元に、1990年代はじめに某テレビ局が潜入取材で霊視鑑定を隠し撮りをしたビデオがあります。オンエアはされませんでしたが、それを見ると、**とにかく脅しまくるばかりで、こんなものは宗教ではないとはっきりわかります。**

これには苦情が殺到し、損害賠償請求も次々と起こったため、本覚寺グループは東京から逃げ出して、休眠状態にあった高野山の宗教法人明覚寺を買収。関西・中部地区でも霊視商法を繰り返したため、愛知県警が1995年10月に摘発し、西川義俊は詐欺で逮捕され、有罪となりました。宗教法人明覚寺に対しては、文化庁の解散命令請求を受けて、2002年1月、和歌山地裁が明覚寺に対して解散命令を出し、同グループは消滅しました。

霊感商法の勧誘の「4つのルート」とは？

霊感商法被害のきっかけは、基本的に4つのルートがあります。①訪問、②街頭、③FF（ファミリー&フレンド）、④広告の4つです。

①は戸別訪問して、玄関のドアを開けてもらうことから始めます。②は路上で呼び止め

た人をビルの一室などに連れていって勧誘する「キャッチセールス」を含みますが、連れ込まない場合もあります。③は、見ず知らずの人を対象とする①や②に対して、家族や親戚をはじめ友人、知人などの人づてを使います。④は雑誌広告、新聞チラシ、ネット広告などで、広告をきっかけに通信販売や電話勧誘が始まります。

統一教会は四つすべてをやっています。統一教会用語で「FF伝道」といえば、家族、親戚、友人、知人など面識ある人に伝道することです。

①訪問の対象は、家にいることが多い女性や高齢者が中心です。②街頭は20代や30代の若い世代が中心です。③FFはさまざまなバリエーションがあります。④広告は、女性誌なら30代や40代、新聞チラシなら熟年世代や高齢者という具合です。

男女の比率を見ると、霊感商法で狙われるのは圧倒的に女性が多くなっています。

霊感商法も含めた一般の悪徳商法で20代の女性が被害にあってしまう〝三種の神器〟は、化粧品、エステ、アクセサリーの三つです。女性たちの「美しくなりたい」という欲求が、そのまま逆手《さかて》に取られているわけです。

高齢者にも三種の神器があって、こちらは、ふとん、浄水器、電気治療器具の三つです。

これも高齢者の「健康で長生きしたい」という欲求が、逆手に取られています。「そうありたい」という欲求は、つまり、いまは「そうではない」という悩みです。その悩みにつけ込む悪徳商法や霊感商法には、社会の〝裏鏡〟のような部分があります。一般に女性が家にいるという日本の性差別的な文化の裏側で女性たちが訪問販売の被害にあい、日本の老人福祉や医療の遅れの裏側で高齢者たちが被害にあっています。

余談ですが、女性が美しくありたいと思うのに対して、男性は物をいろいろそろえ、おカネを持っているように、自分を大きく偉そうに見せたいと思うでしょう。これは、社会が女性に対して求める理想像、男性に対して求める理想像の、それぞれ裏返しです。

ですから男性の場合、借金の相談が多い。年を取っても男性は相変わらず見栄っ張りで、紳士録商法に引っかかる人が少なからずいます。定年退職した後は、経歴や職歴なんてどうでもよいのではと思いますが、やっぱり自分が紳士の一人として本に載るとうれしい。だから**「お名前を紳士録に掲載します」といわれると、50万円といった金額を支払ってしまう。**すると名前が載った分厚い紳士録が送られてきますが、市販されておらず読む人はいません。1冊約1万円もかければ大きく立派な装丁本ができますから、残りは業者の丸儲けというわけです。

霊感商法の被害者に女性が多いのは、なぜ？

霊感商法に限らず訪問販売の被害が女性に多いのは、単純に、家にいるのは女性が多いからです。キャッチセールスの被害も女性に多いのは、仕事帰りのコアタイムである午後5時〜7時くらいに通りを歩いているのは女性が多いからです。男性の多くはまだ残業があって会社で働いています。

占いなどの霊感商法に女性がはまりやすいのも、一つには女性のほうが男性より時間的な余裕があるからでしょう。その背景には、男性に過剰な仕事を強いる一方で、働きたい女性を形式的で単調な仕事に従事させる、という社会の古い構造があるでしょう。

男性より女性のほうがだまされやすく、マインド・コントロールに引っかかりやすいのではないか、という意見があります。しかし私は、ちょっと違うだろうと思

っています。

男性は高校や大学を出てずっと仕事を続けるから社会的な経験や知識を重ねるが、女性は学校を出て働かずに主婦になる人が多いから経験や知識が少ないという傾向は、確かにあるでしょう。しかし、男女どちらがだまされやすいかは、同じように学校を出て同じように働く男性と女性で比較すべきで、それを比べれば性による違いなど少ないはず。そもそも給料や昇進をはじめ働く環境に男女の差別があって、その結果として生じたことを、性の違いとだけ説明するのはおかしいでしょう。

女性が占いを気にするのは、仕事で認められないとか、思うような収入が得られないとか、自分に恵まれていないという気持ちがあるからだと思います。それは実は、女性の問題というより社会の問題であり男性の問題であって、社会に根強い差別の構造が、くじけやすく占いに頼ってしまう女性を生み出している。この視点を忘れてはなりません。

社会学者や経済学者も指摘していますが、いま30～40代の女性は、バブル経済の崩壊によるダメージをもっとも強く受けた世代です。1991年にバブルが弾け、正社員として入社できなかったのも、その後リストラされたり、低賃金を余儀なくされたりしたのも、まず最初に女性たちなのです。

不景気がずっと続いた90年代の〝失われた10年〟に大学を出た女性たちは、80年代ならば正社員になれたはずの実力があっても、給料が低くて昇進もない派遣労働に甘んじています。

そんなつらい時代を生きる女性たちが、霊感商法の被害者になってしまうケースが少なからずあるのです。いま30〜40代の女性たちが子どもを産まなかったことが、少子化の原因の一つといわれていますね。私のちょっと下の世代ですから、彼女たちのつらさや厳しさは、実感としてよくわかります。

被害が急増中！ 新手の霊感商法の手口とは？

癒しブームに乗った「ヒーリングサロン」を舞台とした神世界の霊感商法事件が収束したあと、最近、目立ってきた霊感商法は、いま申し上げた30〜40代の女性を狙っています。

独立行政法人国民生活センターが「開運ブレスレットや数珠の購入をきっかけに、〝除霊のため〟〝運気を上昇させるため〟と、次々に開運商品を売りつける手口に要注意！」と警告するホームページには、次のように書かれています。

・「雑誌広告を見て、90日間返金保証付きの開運ブレスレットを購入した。効果がないので返金してもらおうと思い業者に電話をかけると、顔写真を送るようにといわれた。写真を送ったところ業者から、『写真鑑定の結果、あなたには自殺する運気がある』などといわれ、その運気を向上させるためにと、次々に祈祷《きとう》サービスや霊石の契約をさせられた」など、開運ブレスレットや数珠などの通信販売をきっかけとし次々に開運商品を売りつける悪質な手口が増加している。

・相談者の多くは、業者に電話をかける際に新たな勧誘をされるとは思っていない。また、不意打ち的に、かつ不安をあおって勧誘されている。勧誘を断ろうとすると、**「以前断って車いす生活になった人がいる」と脅す**など、勧誘方法に問題点が見られる。

・広告には、「効果がなければ返金する」と書いてあるが、返金してほしいと申し出ても応じられないことが多い。相談者は、すでに業者に自分の悩みを打ち明けているケースが多く、そのため、**弱みを握られ一層不安を煽られたり、解約の申し出をしづらくなったりしている。**

・このような、いわゆる開運商品をめぐるトラブルの未然防止、拡大防止のため、消費者に注意を呼びかける。

全国消費生活情報ネットワーク・システムに寄せられた相談件数を見ると、2010年度（4月〜翌年3月）までの3年間は毎年400件前後だったものが、2011年度は12年1月15日までに600件以上と増えています。

最初に届く「開運ブレスレット」が〝見せ商品〟って、どういう手口？

この手口は、主として女性誌に「願いがかなう奇跡の開運ブレスレット」などとうたう広告を出します。価格は数千円～1万5000円程度と、最初はたいして高額ではありません。

チラシ広告で「金運上昇」とうたう場合も、ブレスレットでなく数珠や財布の場合もありますが、基本的に共通するのは、**最初の商品はただの〝見せ商品〟で、それを売りつけるのが本来の目的ではない、ということです。**

ですから、期限内（たとえば3日以内や5日以内）に効果がなければ返品に応じる、使い方が重要なので電話で教える、といった意味のただし書きがついており、被害者が業者と電話で話すように仕向けられています。悩み事を書いて顔写真とともに送るように指示する手紙が、同封されていることもあります。

開運ブレスレットに効き目があれば、買った人は別のものもほしくなって電話します。効き目がなければ（ないに決まっていますが）、クレームの電話を入れ、返金してくれといいます。半信半疑の人も、まずは使い方を聞こうと電話します。どんな内容の電話であれ、かかってきさえすれば、業者はしめたものなのです。

業者は、電話でその人の悩み事を根掘り葉掘り聞き出します。そして、ブレスレットに効果があるようだという人には、「**もっと効き目が強い商品がある**」と次のステージに誘い込みます。効き目がないではないかという人には「悪霊が強いからで、除霊が必要。このままだと、もっと悪いことが起こる」と不安を煽ります。「除霊で様子を見ましょう。それでもダメなら、お約束通り返金します」などといわれ、これも次のステージに誘い込まれます。写真を送った人には「霊視の結果、除霊が必要だ」といいます。

相手は、すでに電話で長時間悩み事を聞き、相談に乗ってくれています。すると、ブレスレット代金とは別に、こちらが何かしなくてはいけないような気になってきます。これは第1章で見た「返報性」の原理です。

また、一度は願いをかなえるために、自分から開運ブレスレットを注文したのです。返品して話を終わりにしたら、自分の願いは何だったのか、いいかげんな願いだったのか、と思います。そんなことはなく、あれは真剣な願いだった。だから、もうちょっとこの人のいうことを聞いてみよう、と除霊を依頼します。これは「一貫性」の原理です。

こうしてマインド・コントロールの手法が駆使され、**最初のブレスレットに始まって、高額な祈祷料をはじめ、水晶玉のようなガラス玉、霊験あらたかな霊石、浄化石と**

いった物品代を次から次へと巻き上げられてしまいます。いずれも十数万～100万円以上というような金額です。

「水晶玉は祈祷後、川に捨てること」「悪霊が移った数珠は誰にも知られないようバラバラにして捨てること」など指示し、商品を送り返す必要がある「クーリング・オフ」（一定期間は無条件に申し込み撤回や契約解除ができる制度で、電話勧誘販売の場合は契約内容を記した書面を受け取ってから8日間）をやりにくくするのも常套手段《じょうとう》です。

開運や占いの広告で霊感商法の被害が増えているって、本当？

この手法は、手当たり次第に電話をかけたり戸別訪問したりするのと異なり、広告を見て自分から進んで注文した人を対象にします。**申し込んだ時点で、占いや開運や霊能に興味を持ち、親和性の強い人がスクリーニング（ふるい分け）されているわけで、業者からすればとても効率的、効果的なのです。**

先にお話しした霊感手法のルート四つのうち、訪問や街頭が減って広告が増えていることは、やはり時代の産物なのでしょう。

右のような霊感商法の広告を、大手の女性誌が堂々と掲載していることが、非常に問題です。女性誌に対しては、改めるように以前から申し入れています。しかし、この不景気で背に腹は変えられないのか、出版社は一向に耳を貸そうとしません。被害のきっかけを作った出版社にも法的責任が生じる可能性があるのですから、これは改善してもらいたいものです。

もちろん、女性誌だけが問題となる霊感商法の広告を掲載しているわけではなく、マンガ雑誌、娯楽週刊誌、ダイエット雑誌、健康雑誌のようなものにも載っています。もともとそんな雑誌に載っていた広告が、老舗の有名雑誌を浸食してきた、といったほうが正確かもしれません。

前述の国民生活センターのホームページによると、被害者の84％以上が女性で、全体の過半数を30～40代の女性が占めます。職業別ではOLなど給与生活者が4割、主婦など家事従事者が3割です。被害額は5万円未満がだいたい6割で、これは最初の商品が届いた段階で相談している人です。しかし、10～50万円未満が2割近く、50～100万円未満が8・3%、100～500万円未満が7・5%ですから、**3人に一人以上が抜け出せず、追加のカネをだましとられています。**

被害の全体額は、はっきりしたデータはありませんが、年に数十億円の被害規模があると思われます。毎年被害が増えていますから警戒が必要です。この霊感商法を仕掛けているのは、関西の暴力団系の業者が多いとされており、私は、いまその対策を練っているところです。

サクラを使った「催眠商法」って、どういうもの？

悪徳商法の一つに「催眠商法」と呼ばれるものがあり、霊感商法との違いを聞く人がいます。

催眠商法は霊の話をしませんから、霊感商法には含めません。別名「SF商法」ともいい、これは日本で最初に催眠商法を始めた「新製品普及会」（Shinseihin Fukyuukai）の頭文字からきています。

これは、まずビルの空き室や空き店舗などに中年女性や高齢者などを集めます。その閉鎖空間で、無料プレゼントを掲げ「ほしいですか？」「はい！」と**大声で答えさせて渡すことを繰り返すなどして、客の気分を高揚させていきます。**商品の機能について質問した客が、説明に感激してまず買い、つられて別の客も買い、さらに買う客がいても、全員がサクラ、つまり客のふりをした販売側の人物だったりします。

別に催眠術を使うわけではありませんが、先に無料プレゼントをあれこれくれる（返報性）、自分と同じような客が買った（社会的証明）、司会が芸達者で口上巧みなハンサム（好意）、大学教授が著書で商品を推薦（権威）、商品は30セットしか用意していない（希少性）など、心理的テクニックのオンパレードです。

熱狂的な雰囲気のなかで、40万円程度の価格の健康食品、電気治療器、羽毛ふとん、着物など（その場で自宅に持ち帰ることができる軽い商品）を買わされてしまいます。

ただし、催眠商法の場合、場の影響力だけを行使するだけですから、その場だけの一過性で終わることが多く、継続性があって解くのが難しいマインド・コントロールとはいえません。

家に帰ると夫や子に「何やってんだ」と諭《さと》されたりして、クーリング・オフ期間は返品できますから、被害は限定的です。必ずしも詐欺ともいえませんが、国民生活センターの相談件数では、つねに上位25位までに入る悪徳商法の一種です。

「自己啓発セミナー」と「宗教」は、どこが違う？

実は、SF商法は、日本初の心理的テクニックを駆使した悪徳商法です。

この催眠商法を考え出して最初に手がけたのは、的屋《てきや》（祭りや縁日などに出る屋台、露店、遊技商、大道芸人など）出身で、島津家の末裔《まつえい》と称していた島津幸一という人物。彼は、**日本の悪徳商法の歴史の中では、立志伝中の人物で、１９６５年に新製品普及**

会をスタートさせました。

しかし、悪徳商法として批判され、入居していたビルとのトラブルもあって、70年に営業を停止。その後、島津は、日本最初の自己啓発セミナー「ライフダイナミックス」（法人名ARCインターナショナル）の代表取締役に転身。これも途中でやめて引退し、50代で亡くなりました。

ライフダイナミックスは80年代に分裂します。そのなれの果ての一つはホームオブハートで、XJAPANのToshlさんが被害者となった「倉渕透グループ」です。もう一つは、ミイラ化遺体事件を引き起こしたライフスペース、現在はシャクティパットグル・ファウンデーションないし「SPGF」と称しています。SPGFの高橋弘二という教祖的立場にある人物は、ライフダイナミックスの大阪の責任者出身で、83年に独立しました。

このことからも、**自己啓発セミナーは、宗教との親和性が非常に高いことがわかります。** しかも自己啓発セミナーは、SF商法同様、人の心を操るビジネスというべきものです。

結局は人の心をどう操るかという話ですが、それは科学的な分析や定量化が難しく、金額をどうにでも設定できます。そこでホームオブハートやSPGFは、ライフダイナミックス時代に数十万円かせいぜい100万円程度だった受講料を、数百万円、数千万円と膨張させました。

どちらも**「自分たちは自己啓発セミナー。宗教ではない」と言い張っていますが、その言説は、どう見ても第3章であつかう宗教と評価してもよい団体、宗教的な団体だと思います。**

霊が話したことを本にして売るのは、違法ではない？

教祖の中には、歴史上実在し、いまは霊界にいる人物が彼の体と肉声を通して語ったとする言葉を、書籍として出版している人もいます。これが霊に関係するビジネスであることは確かですが、霊感商法といえるでしょうか。この質問に答えて、第2章を終わることにしましょう。

マインド・コントロールがあっても、目的、方法、結果などが社会通念から逸脱していなければ問題にならず、違法にもならないことは、すでに述べました。

本の場合はどうでしょう。結論からいえば、どんな荒唐無稽な内容の本であれ、表紙を見てページをめくり、内容を確かめたうえでそれを買った人に対しては、著者が社会通念から逸脱した圧力や強制力をかけたとは見なされません。だから、そのことで著者や出版社が責任を問われることはありません。霊と話ができる、宙に浮くことができる、水の上を歩けるなどと主張する本を書いたり出版したりするだけでは、社会通念上、違法でも何でもないのです。それが違法ならば、旧約聖書や新約聖書は発禁にしなければならないでしょう。

しかし、著者が「自分の本を買わないと殴り込む」と脅したら、これはまた別の問題。脅迫や恐喝で警察が動く話です。また、**「この本を買わないと地獄に堕ちる」といって売れば、霊感商法と同じです。**統一教会では、教祖文鮮明の御言葉集である「聖本」が3000万円で売られており、その異常な値段から、書籍の販売自体が、霊感商法の被害として、裁判所からも違法性が認められたケースがいくつも出ています。

また書籍をきっかけに、著者の霊能師に連絡を取ると、「除霊をしないと不幸になる。病気がひどくなる」などと脅されて多額の金銭を支払わされたなら、これも霊感商法というべきです。広告による霊感商法だけでなく、書籍をきっかけとした被害も増えていますので、気をつけてほしいと思います。

この種の話は結局、宗教をどう見るかという問題に帰着します。宗教はありもしない妄想を語っているという極端な立場からすれば、宗教は詐欺同然という話になるでしょう。神が動物や人間をつくったとか、死んだ人が復活したとか、非科学的でムチャクチャな話ではないか。そんなバカなことは断じてない、という立場はありえますから。

しかし、そもそも人間の文化や歴史や社会は、そんな不合理な部分を含むものです。美しい自然に触れれば、人は誰しも元気になるものです。それを「パワー」といったりすることもあります。こうした言動を否定すれば、文化そのものが危うくなります。そこに「信教の自由」が成り立っており、宗教が人々に生きる縁《よすが》を与える、社会のストレスを緩和する、社会のモラルの一部となるなど、重要な役割を果たしています。**それを認めず、**

「宗教は詐欺同然だ」と断じることには無理があります。

だから現在の日本は、信教の自由を認め、どんな宗教を信じてもよく、その宗教が社会通念や一般的な社会常識から大きく逸脱しない限り問題視しないことになっています。

そのうえで、宗教的な装いを持つマインド・コントロールや霊感商法などについて、どこからが社会的な逸脱や違法と見るか、線引きが必要です。その線引きの参考となるのが、刑法上の詐欺罪、脅迫罪、強要罪といった法との整合性です。

法律の世界では、自由な意思を持つ人が、詐欺にあったり強迫されたりして他者のいうがままに行動したときに、犯罪になったり違法となる場合があると認めています。

だから、**自由な意思を持つ人が、マインド・コントロールを受けて他者のいうがままに行動させられたという場合、その目的、方法、程度、結果などによっては、違法になる場合があるのです。**

第3章

「カルト」のマインド・コントロールの手口

「カルト」とは、そもそもどういう意味か？

第3章では、カルト、カルト教団、カルト的な集団などと呼ばれるものと、彼らがおこなうマインド・コントロールについて、徹底的に検証していきます。

そもそも「カルト」は、「耕すこと」（耕地）や「世話」を意味するラテン語cultusからきた言葉です。もともとは「なんらかの体系化された礼拝儀式」を意味しました。文化や教養を指す「カルチャー」と同じ語源です。

この「礼拝儀式」が、やがて「特定の人や物への礼讃」や「熱狂的な崇拝」を指すようになり、さらにその行為をする「熱狂者の集団」、さらには「邪教的な集団」という意味になりました。つまり、もともとは価値中立的な言葉でしたが、言葉を使う人次第では、「邪教」や「異端」のニュアンスが強調されることがあるわけです。

カルトと混同されやすい言葉に「オカルト」がありますが、こちらは「隠されたもの」を意味するラテン語occultumからきた言葉です。念力やテレパシーなどの超能力、魔術や占星術や錬金術、霊媒や降霊術などにまつわる現象や研究をいい、隠秘学や神秘学とも訳されます。

あるカルトが、超能力を持つ（とされる）指導者へのオカルト的な信仰によって成り立ち、教義や儀式もオカルト的であることは珍しくありません。それで、カルトとオカルトが混同されやすいのでしょう。

カルトはさらに意味が転じて、「カルトムービー」や「カルト的な小説」のように使われることがあります。これは「およそ一般向けではないが、マニアックな一部の人に熱狂的に支持される」というような意味になります。かつて放送されたクイズ番組「カルトQ」のカルトは「おたく」「超おたく」といった意味合いです。

カルトは宗教につきもので、どんな宗教も始まりは「カルト的」といえるでしょう。イエス・キリストはユダヤ教の司祭たちを痛烈に批判した異端者で、当時の社会では受け入れられませんでした。だから十字架にかけられたのです。イエスを愛し、その教えに命がけで従った人々は、熱狂的な信仰を持っていました。原始キリスト教は、当時カルトという言葉があったとすれば、そう呼ばれたに違いありません。

王家に生まれながら出家して仏教を開いた釈迦も、メッカを追われてイスラム教を興したムハンムド（マホメット）も、多かれ少なかれ当時の社会秩序と対立し、常識や道徳から逸脱しました。だからこそ世界的な宗教の開祖となりえたのだ、ともいえます。

しかし、**どんな宗教も、多くの人々に信仰されればされるほど、カルト的な性格をなくしていきます。**

宗教の教えが人々の常識や道徳から極端にかけはなれていては信者が増えませんから、教えが穏やかなものに修正されていきます。宗教の教えに大きな力があって、常識や道徳のほうが次第に変わっていくこともあります。いずれにせよ、宗教は社会とうまく共存していき、カルト的な、つまり熱狂や邪教の側面が消えていきます。

ですから、仏教、ヒンズー教（ヒンドゥー教）、キリスト教、イスラム教など長い歴史をもつ世界的な宗教はもちろん、日本で信教の自由が実現した戦後にスタートした新興宗教を含めて、**私たちの周囲にあるほとんどの宗教は、カルトとは呼ぶべきではありません。**

カルトの発祥地がアメリカなのは、なぜ?

カルトの発祥の地がアメリカというのは、なぜでしょうか?

アメリカで現在もっとも大きな影響力をもつ宗教グループは、キリスト教のプロテスタント(新教)で、ピューリタン(清教徒)の伝統を受け継ぐ教会です。1620年にメイフラワー号に乗って初めてアメリカに上陸したピューリタンたちは、今日でも「ピルグリム・ファーザーズ」として尊敬されています。

本国イギリスでイギリス国教会の**弾圧や迫害を受けても信仰を捨てず、大西洋をわたってまでも新天地を求めた彼らは、そもそも「カルト的」でした。**その後アメリカにはさまざまな民族が移り住み、フロンティアが西へ進むにつれて新しい教会が生まれ、ピューリタンが分派していきます。その中には「カルト的」な集団もありました。

先住民しかいなかった広大な土地に、ヨーロッパ各地からさまざまな人が移住しましたから、孤独や不安にさいなまれる人も多く、既成の宗教で心を満たされない人も少なくなかったでしょう。未開の土地が広がっていますから、新しい宗教的な理想に燃えた人々が共同生活を始めても、既存社会と衝突せずに済みます。

こうしてさまざまなカルト的集団が成立していき、アメリカの文化や歴史の一部を担っていきました。もちろん、先ほど述べたように、次第にカルト的な性格をなくしていった集団も少なくありません。

ところが、**アメリカでは1970年前後から、カルトによる狂信的な事件が立て続けに起こって、社会に大きな衝撃を与えました。**

これは、ベトナム戦争の泥沼にはまったアメリカで、反戦運動や大学紛争が広がり、伝統的な価値観が崩壊して、反体制的なカウンターカルチャーのムーブメントが盛んになった時代と重なります。「ヒッピー」と呼ばれる若者たちが、既成の価値観に縛られた生活を否定して、自由、平和、自然への回帰を唱えたのも同じときです。

当時の伝統的な価値観を代表するのはキリスト教ですから、それに対抗するものとして東洋の思想や宗教が盛んに紹介されました。その結果、座禅を組む若者が増えたとか、ヨガ・ブームが起こるといった動きにとどまらず、東洋の宗教に影響された熱狂的、狂信的な宗教集団が登場してきたとき、これが「カルト」と呼ばれたのです。

プロローグの最後に「カルトは先進国病」と述べました。第二次世界大戦が終わったとき（1945年）、ヨーロッパは二度にわたる大戦争で疲弊し、日本も焼け野原となり、世界の多くの国・地域は列強諸国の植民地支配がやっと終わったという状況でした。このとき圧倒的なパワーを誇っていた世界最大の先進国がアメリカです。

その先進国アメリカのパワーに翳《かげ》りがでてきたのが70年代はじめで、71年8月15日のドル・ショック（ドル紙幣と金の兌換《だかん》停止）や73年1月29日のニクソン大統領によるベトナム戦争の終戦宣言（事実上の敗北宣言）はその象徴です。**同じころアメリカで新しいカルトが続々登場してきたことは、決して偶然ではありません。**

アメリカで問題になった主なカルト事件とは？

1970年前後からアメリカで問題になった典型的なカルトの事例には、次のようなものがあります。アメリカでは、単なる「カルト」と区別する意味で、法秩序や社会秩序を破壊していく宗教団体として、**あえて「破壊的カルト」と呼ばれることがあります。**

●チャールズ・マンソン・ファミリー……1969年8月8日深夜、アメリカで、ハリウッド女優のシャロン・テートとその友人ら5人が、シャロンの自宅で惨殺されるという事件が起こりました。『チャイナタウン』で知られる映画監督ロマン・ポランスキーの妻シャロン・テートは、当時妊娠8カ月でした。「お腹の赤ちゃんの命を助けてほしい」と懇願するシャロンは最後に殺害されました。しかも遺体は太いロープで天井につるし上げられたうえ、全身をナイフでめった刺しにされ、現場には被害者の血で「PIG（ブタ）」という文字が残されていました。

ハリウッドを震撼させたこの陰惨な事件は、チャールズ・マンソンが率いる「ファミリー」という宗教カルトの犯行でした。マンソンらにより殺害された被害者は判明しているだけでも9人に及びます。71年4月、マンソンには死刑判決が下りましたが、72年にカリフォルニア州が死刑制度を廃止したため（現在は復活）、マンソンらは終身無期刑となって現在に至っています。

「ファミリー」も、実は、オウム真理教にみられるような一種のハルマゲドン思想を掲げていました。マンソンは聖書を独自に解釈し、女性は「魂を持たない、男の奴隷」とし「近い将来、白人対黒人の人種戦争が起こり、いったんは黒人が勝利する。しかし自分たちのファミリーは砂漠に生き残り、最後には黒人から支配権を取り戻す」と説いていたのです。この事件は黒人による白人の殺戮を装い、人種戦争を誘発するために行った犯行とみられています。

この「白人対黒人の人種戦争」のことを、マンソンは、ビートルズの歌にちなみ「ヘルター・スケルター」と呼び、マンソン・ファミリーの教義の中核を占めるキーワードでしたが、実はマンソンは、「ヘルター・スケルター」が、イギリスでは遊具のすべり台のことを意味することを、知らなかったとされています。

●人民寺院……教祖ジム・ジョーンズが率いる「人民寺院」は、1955年にアメリカで生まれたカルトです。人民寺院において、78年11月20日、南米ガイアナのジョーンズタウンなどで918名もの死者を出した集団無理心中事件が起こりました。これは宗教カルトが引き起こした集団自殺事件としては過去最大のものの一つです。なお、この種の事件は一般に集団自殺事件と報じられますが、実際は、子どもまで巻き添えにされる集団無理心中（つまり、殺人事件）と考えられる事件がほとんどです。この事件もそうで、報道に接する場合には注意が必要です。

人民寺院は、事件の前年の77年に、毛沢東主義に基づく集団農業によるコミューンづくりをめざしてガイアナに移住しました。これを心配した信者の家族らが世論を動かし、下院議員レオ・J・ライアンらが「人民寺院」の現状を調査するためにジョーンズタウンを訪れました。ところがジム・ジョーンズは、下院議員ら5人を殺害し、子どもまでも巻き込んで集団自殺を遂げたのです。被害者のうち約3分の1は幼児を含む未成年者だったということもあり、この事件は「無理心中」どころか「集団虐殺事件」というほうが正しいかもしれません。

●ブランチ・ダヴィディアン……1993年、デビッド・コレッシュを教祖とする「ブランチ・ダヴィディアン」が、アメリカ・テキサス州ウェイコで51日間武装して籠城《ろうじょう》するという事件が起こりました。そしてついに4月19日、FBIと銃撃戦のさなか、コレッシュだけでなく、子どもたちまで巻き込まれ、結果的に10才以下の子どもも18人（胎児2人を含む）、計76人が施設の突然の爆発炎上により爆死しました。爆発が事故であったか集団無理心中であったかはわかっていません。ほかに2月28日の銃撃戦では、教団側6人、捜査側4人の計10人の死者も出しています。この団体も一種のハルマゲドンの到来を予言し、武装していました。

●**ヘブンズ・ゲイト**……1997年3月26日、米サンディエゴの高級住宅地ランチョ・サンタフェにある豪邸で、20歳代から70歳代までの男女39人の遺体が発見されました。すべて「ヘブンズ・ゲイト」の信者たちで、教祖のマーシャル・アップルホワイトは、前年の11月に発見された「ヘール・ポップ彗星とともに地球に接近する宇宙船に乗り込み、肉体を離れて別世界で再生する」など、インターネットを積極的に活用して布教していました。別世界では性別もなくなると信じられていたことから、死亡したマーシャル・アップルホワイトほか複数の男性信者の遺体は去勢《きよせい》した状態で発見されています。この事件も死体の状況から集団無理心中事件というべきものだとされています。

アメリカ以外でも、こんな事例があります。

●太陽寺院……1994年10月5日には、スイスとカナダで「太陽寺院」のジョゼフ・ディ・マンブロ教祖（なお、新聞報道などではリュック・ジュレが教祖であるかのように報道されていましたが、それは間違いです）を含む信者53人が集団無理心中を遂げる事件が起きています。幼児まで殺害されていますので、この事件も集団自殺事件というよりも、集団無理心中事件というべきです。さらに95年12月23日にも、フランス山中で太陽寺院の信者ら16人の後追い集団自殺事件が起きています。この事件は、日本で起きたオウム真理教事件と同時期であったこともあり、その後の欧州のカルト対策に大きな影響を与えた事件です。97年にもカナダで5人が後追い自殺事件を起こしています。

●神の十戒復古運動……2000年3月17日、中部アフリカのウガンダ南西部のカヌング村で、教祖ジョゼフ・キブウェテレの世界終末論を信じる「神の十戒復古運動」

という宗教団体の集団自殺事件が起こりました。この事件は、前述した人民寺院事件に次ぐ大量被害者の事件となりました。教団の信者数は推定約4000人だということですが、もともと「世界は1999年12月31日に終末を迎える」と説いていたものの、これをこの事件が起きる当日の3月17日に変更し、この日に悲劇は起こったのです。いわばオウム真理教が自作自演したハルマゲドンのように、予言実行型ともいえる事件です。

2000年3月29日の毎日新聞によると、「3月17日に炎上したカヌング村の教団本部では330人の遺体が確認され、炭化して粉々になって埋められた遺体を含め、推定計500人が焼死したと警察は発表した。さらにその後、教団本部のすぐわきから6体の刺殺・毒殺遺体が見つかったほか、24日にも現場から約50キロ離れたルトマ村の教団の農地から、死後2、3週間とみられる153体の刺殺・撲殺・絞殺体が見つかった。さらにルガジ村でも教団幹部の土地などから80体が新たに発掘された。推計700人を上回る遺体のうち100人以上が子供で、周辺の教団施設からも相次いで他殺体が見つかるなどし、死者総数は推定700人を上回ったとされている」とのことです。

この事件でも、遺体の中に子どもまで含まれていたということですから、集団無理心中事件、いや、集団虐殺事件であることは明らかでしょう。

カルトでも社会的な問題を起こさない集団はあるのか？

アメリカには、数百〜３０００のカルトがあり、信者は１００万人とも３００万人ともいわれます。「アーミッシュ」と呼ばれ、いまだに電気や自動車を拒絶した18世紀と変わらない質素な生活を送っている人々もいます。核戦争による終末を信じ、地下で共同生活するグループもあります。いずれもきわめて熱心かつ強固な信仰を抱いており、世間一般の常識とはかけ離れた生活を送っている人々のグループです。

彼らをもともとの「熱狂的な宗教集団」という意味でカルトと呼んでも、間違いではありませんし、むしろカルトはこうした「熱狂的な宗教集団」を指す言葉として使われていました。「鰯《いわし》の頭も信心から」という言葉がありますが、人が何を信じようが自由ですし、熱狂的な信仰を持つ人々が集団生活を送っていても、社会に迷惑をかけなければかまわないでしょう。ごくおとなしく問題のないカルトというのは、少なくないのです。

しかし、**一部カルトの陰惨な事件が相次いだことから、アメリカでは人民寺院の事件が起こった78年以降、カルトという言葉をおもに否定的な意味合いで使うようになりました。**

アメリカのカルト監視組織や研究者などの見方をまとめると、問題になっているカルトには、おおむね次のような共通点があるとされます。

①信者と外部の接触を絶ち、繰り返し同じ情報を吹き込むなどして、マインド・コントロールする。信者は、教祖の意のままに動くようになり、法律や常識は無意味となる。

②多くのカルトが「近くこの世の終わりがくるが、選ばれた者だけが神の国に行ける」という終末思想を語る。教祖は、ときにその日を予言するが、当たらなくてもその理由（教祖の祈念の結果など）をいうので、信者は信じ続ける。

③信者の家族と揉《も》めるなど社会と対立しはじめると、そのことがカルトの結束固めに使われる。信者は、国家や警察が自分たちをつぶそうとしていると信じ、カルトは猜疑《さいぎ》心と妄想に取りつかれていく。場合により武装集団と化す。

カルトといっても、さまざまなものがあります。もちろん例外もありますが、カルトという言葉は、次第に右のような共通点を持つものを指すようになったのです。これを、先ほど述べたように、おとなしく問題のないカルトと区別するために「破壊的カルト」という言葉も登場し、アメリカではよく使われています。問題のないマインド・コントロールと区別するために「破壊的マインド・コントロール」という言葉が使われるのと同じです。

①～③の三つは、日本で1995年に地下鉄サリン事件を起こしたオウム真理教に、見事にあてはまります。**「カルトはアメリカの縮図」といった人がありますが、私たちが気づかないまま日本の社会はアメリカに近づいていたわけでしょう。**

「カルトの定義はあいまいだ」と批判する人は何がわかっていないのか？

ここで注意したいのは、「カルト」は実態をともなう帰納《きのう》的な言葉であって、演繹《えんえき》的な言葉として使うのは間違っているということです。

ちょっと難しい言葉を使って、話をややこしくしてしまったかもしれませんね。どういうことかというと、「演繹」とは、すでにわかっている一般的で普遍的な前提や原理から出発して、個別的で特殊な結論を得る推論や考え方のことです。「カルトの定義は、かくかくしかじかである。したがって××教団はカルトだ」（A）という言い方が演繹です。数学や物理の言い方はみんなこれで、たとえば「三角形の内角の和は180度である。したがって、この二等辺三角形の内角の和も180度だ」という具合です。

これに対して「帰納」とは、個別的で特殊な事例から出発して、一般的で普遍的な結論を得る推論や考え方のことです。つまり「××教団、△△教団、□□教団は、社会的に問題を起こした。彼らに共通するのは、かくかくしかじかの問題だ。そのような問題を起こす教団はカルトだろう」（B）という言い方が帰納です。

ところで、カルトは「熱狂的な宗教集団」という意味には違いありませんが、考えてみれば、熱狂的といっても程度がさまざまですし、何をもって宗教と見なすかも、簡単には決められません。

定義があいまいでは、（A）のような演繹的な言い方はできませんね。だから、カルトという言葉を使うときは、その実態にこそ着目して（B）のような帰納的な言い方をすべきでしょう。これが「カルト」は帰納的な言葉だ、と私がいう意味です。

だから、万人が認めるカルトの〝厳密な〟定義など存在しません。

私たちが「カルトの実態にもっと目を向け、問題点を考察する必要がある」というと、「いや、カルトの定義があいまいで問題だ」などと訳知り顔でいう人がありますが、その人は演繹と帰納の区別もつかないのでしょう。「カルト」の定義も「宗教」の定義もあいまいに決まっています。そんなことに拘泥《こうでい》するより、**たとえばオウム真理教の実態を明らかにしたほうが世のため人のためです。１９９５年以前に、それをした人がほとんどいなかったことこそ、問題だといわなければなりません。**

カルトが日本でどういう問題を起こしてきたか?

では、カルトが日本の社会で起こしてきた問題とは、どんなことでしょうか。それは、おおむね次の四つのタイプに分類できると思います。

①対社会妨害攻撃型
②資金獲得型
③家族破壊型
④信者・構成員収奪型

以下に代表的な例を挙げましょう。①の典型は、オウム真理教が引き起こした松本サリン事件や地下鉄サリン事件です。オウム真理教を鋭く追及していた坂本堤弁護士一家殺害事件もこれです。カルトと対抗する市民や被害者、そして私のような被害者を救済しようとする弁護士に対してまで訴訟や懲戒請求を濫発して反対の言論や活動を封じ込めようとするのもこの類型に属します。

②の典型は、第2章で詳しく見たように、統一教会の信者らが全国で組織的に展開する霊感商法です。私が過去に対応した事件のなかで金銭的な被害の額がもっとも多かったのは、ある一家が統一教会によって約56億円の被害を受けた事件でした。

③は、親子の断絶や離婚といった事件です。入信した親とともに、その子どもがカルトで生活させられ、祖父母が取り戻そうとしてトラブルになったケースもあります。

④は、マインド・コントロールを駆使した伝道、こうして獲得した信者の安全や健康を無視する無償労働、それにともなう事故、パワーハラスメントやセクシャルハラスメントなど信者虐待、児童虐待、性的収奪などです。

日本にはどのような「カルト」集団があるのか？

右のような問題を引き起こして、社会を混乱させ、社会のルールを乱し、社会のモラルを破壊し、最悪のケースでは人殺しすら躊躇しなかったカルトは、多くはありません。

カルトという言葉自体に否定的なニュアンスがあり、しばしば差別的な決めつけに使われることもあって、私がメディアなどで日本の宗教団体をカルトと名指しすることは、めったにありません。

その私が、**「カルト」とも評価してよいだろうと思う宗教ないし宗教的集団は、オウム真理教、統一教会、ＳＰＧＦ（シャクティパットグル・ファウンデーション、旧ライフスペース）です。**

この三つは、まさに犯罪や反社会的行為という実態をともなっています（した）から、その事実に基づいてカルトと評価してよいと考えます。どんな団体なのか、簡単にまとめておきましょう。

●オウム真理教……教祖の麻原彰晃こと松本智津夫が1984年に開設したヨーガ道場の「オウム神仙の会」が、87年に「オウム真理教」と改称（89年に宗教法人）。麻原は解脱して空中浮揚など超能力を身につけたと主張し、ハルマゲドン思想を唱え、神秘体験に憧れる若者を中心に組織を拡大した。信者数は、地下鉄サリン事件を引き起こした1995年3月段階で、1万1000人（出家信者数は約1000人）を超えていた。

88年に在家信者死亡事件、89年に男性信者殺害事件や坂本堤弁護士一家殺害事件など凶悪事件を起こす（当時は発覚せず）。90年に真理党を結成して衆院総選挙に大量立候補するも全員落選。94年に松本サリン事件を起こし8人を殺害（重軽傷660人）。95年3月20日に地下鉄サリン事件を起こし13人を殺害（重軽傷5500人以上）。同年5月16日、麻原は山梨県上九一色村《かみくいしきむら》（現在の富士河口湖町）の教団施設で逮捕され、教団は壊滅状態となったが、宗教団体「アレフ」として再編。2007年には、オウム真理教幹部の上祐史浩が新団体「ひかりの輪」を設立し、アレフは分裂して現在に至っている。06年には教祖の麻原彰晃こと松本智津夫の死刑が確定し、さらに11年、起訴されたすべての信者13人の死刑が確定した。

●統一教会……教祖の文鮮明が1954年5月に韓国のソウルで創設。イエス・キリストの死はメシアとしての失敗であり、イエス・キリストが果たせなかった人類救済というメシアの使命を果たすのが自分だと主張する文が、自らの主張をキリスト教会が拒否したことから、キリスト教に代わるものとして設立したという。多くの関連企業・団体を擁し、「国際勝共連合」などの政治活動でも知られる。

統一教会は、表面的には、夫は妻のため、妻は夫のためといった「為に生きる」真の愛で、真の家庭を建設し、神が理想とする地上天国を実現すると唱える。しかし実際には、信者らが全国各地で霊感商法による違法な資金集めや、伝道目的を隠してビデオセンターに誘い込んで行う詐欺的伝道、合同結婚式など、さまざまな社会問題を起こしてきた。このため多数の訴訟を通じ、資金獲得活動、伝道活動という宗教法人としての活動の根幹部分に加え、合同結婚式勧誘活動という統一教会の宗教活動の根幹部分についてまで、最高裁判所において違法性を認められた前例のない稀有な宗教法人となっている。もはや統一教会の遵法意識の著しい欠如からは「違法集団」と呼んでよい宗教法人である。2015年8月に正式名称を「世界基督教統一神霊協会」から「世界平和統一家庭連合」と宗教法人名を変更した。

●**SPGF**（シャクティパット・グル・ファウンデーション、以前はライフスペースと呼ばれていた。現在の代表は医療ジャーナリストと称する釣部《つりべ》人裕《ひとひろ》）……教祖的立場の高橋弘二が1983年に自己啓発セミナー会社「ライフスペース」を設立。これが次第に変質して改名、相手の頭部を叩き続ける「シャクティパット」と呼ぶ行為で病気を治せるなどと主張。

99年に千葉のホテルで4カ月以上宿泊中の男性客が、ミイラ化した遺体で発見された。メンバーらが遺体から出る体液を治る過程と称して毎日拭き、その結果ミイラ化したもの。高橋は「ミイラは生きている」などと荒唐無稽な主張を繰り返したが、殺人罪で実刑となった。高橋弘二は、受刑を終え2009年3月に出所し、2015年12月に死亡した。しかしながらメンバーらがいまだに「ミイラは生きていた」「ミイラを搬送、冷蔵室に放置し、司法解剖によって、当局（千葉県警）に殺された」などとして、髙橋弘二の冤罪《えんざい》を訴えて活発に活動している。

こうしたカルトが大きくなっていくときは、四つの要素が必要だといわれています。**第1に「教祖」で、霊能者や超能力者と自称することが多いですが、法規範・社会規範を逸脱することをも気にしないし厭《いと》わない、世間的に見れば「異常」とも評価できるタイプの人が一人必要です。**第2に、その人は支離滅裂なデタラメをいいますが、それを教典にうまくまとめる「理論家」が必要です。第3に、ある程度まとまったおカネをポンと出す「スポンサー」が必要です。おカネは教団を拡大する起爆剤となりますが、この最初の「スポンサー」も被害者であることもしばしばあります。第4に、信者を勧誘してくる力のある「営業マン」が加われば、四つの要素がそろいます。

このとき、ほんの小さな集団にすぎなかった、いわばカルトの種が、爆発的に芽を吹き出し、本格的なカルトへと膨らみはじめます。

以上の三つのカルトと、たとえば第2章に出てきた本覚寺・明覚寺グループを比べると、後者は詐欺同然のひどい霊感商法をやっていたものの、悪徳業者のレベルにとどまったまま摘発されて消滅し、カルトとしての狂信的な部分は弱いと言えます。

これに対し、第2章で出てきた法の華三法行の場合、法の華三法行時代に、修行中の事故で死者まで出しています。さらに福永法源こと福永輝義の逮捕後、法の華三法行は破産して解散しましたが、残党が「天華の救済」という宗教団体を新たに作り、あたかも教祖の有罪は被害者の虚偽主張を前提とするかのような主張をして、何ら反省することなく、今でもなお福永法源こと福永輝義を教祖として「天華三法行」の実践が必要だとして、活発に活動、教勢を拡大してきており、なお問題を残しています。

また神世界の場合、集団内で、医療ネグレクトによる子どもの死亡も確認されており、霊感商法だけでなくカルト的な要素もあり、解散後も残った信者らの活動が確認されており、注意が必要です。
①対社会妨害攻撃型、②資金獲得型、③家族破壊型、④信者・構成員収奪型という四つの要素を考えた場合、もちろんそれぞれに程度問題はありますが、**オウム真理教や統一教会は、四つの要素すべてを組織全体として本質的に含んでいます。この点が、カルトとカルト的な集団との大きな違いといえるでしょう。**

日本のカルト問題の原点、「親泣かせ『原理運動』」とは？

日本の霊感商法被害の最大は統一教会によるものだ、と第2章で申し上げました。とくに、オウム真理教が壊滅した95年以降は、霊感商法問題にとどまらず、日本のカルト問題の多くは、やはり統一教会がらみが多かったと考えてよいでしょう。

オウム真理教や統一教会というカルトになってくると、既存宗教の寺や教会にあたる道場や施設にも信者を住まわせます。こうした施設は修行や祈りの場というだけでなくて、労働や生活の場。**親が入信したら、何も知らない幼い子どもまで連れていかれるという世界も現出します。**

ここで、カルトに引き込まれて深いマインド・コントロール状態にある人を、いかにして教団施設から引き離し、取り戻すかが大問題となります。その始まりは日本では、やっぱり統一教会でした。

統一教会は、日本と韓国の間に国交がなかった1958年に宣教師を密入国させ、日本で伝道を始めたといわれています。59年に日本統一教会が創立されると、高校生や大学生などの若者を中心に「原理運動」が活発におこなわれました。統一教会の学生向け布教団体が原理研究会です。

統一教会は、早稲田大学や東京大学をはじめとする大学を舞台に、「聖書に興味はありませんか」とサークル活動を装って勧誘を繰り返し、学生たちを原理研に引きずり込んだのです。研修は合宿生活を通じておこなわれるため、家に帰らない学生が増大し、62年には原理運動対策父母の会ができました。

これが1967年に新聞に取り上げられて社会問題になったのが「親泣かせの『原理運動』」です。これこそが日本のカルト問題の原点といえるでしょう。

親が入信した子どもを探しても見つからない理由は？

統一教会の大学における勧誘は、今日も続いています。統一教会に入信する学生

の多くは、このルートで引きずり込まれた若者たちです。

親が子どもを探して連れ戻そうとすると、組織的に行方不明にしてしまうことも統一教会の常套《じょうとう》手段です。

たとえば大阪で勧誘された学生の親が猛反対していると、統一教会はその子を東日本にある施設に移し、隠してしまいます。統一教会本部に行って問い合わせると、「知らない」などといいます。信者登録カードがあって信者は管理されていますから、知らないはずはありませんが、居場所はわからないとウソをつくのです。

移した先の「ホーム」と呼ばれる施設でも、バレないように偽名を使わせたり、外に出て勧誘する仕事ではなく「食当」という食事当番を担当させたりします。統一教会のホームは、最盛期には全国に1000カ所はあり、現在でも500カ所以上あるのではないかと推測されますが、住所は公開されていません。なお、公にしている教会は約200あり、こちらはホームページをつくるなどして住所を公開しています。

このような統一教会の家族破壊にあって、子どもが何年も消息不明で悩んでいる親も数多くいます。これは、その子が親のことを何も考えず、親を見捨てて行方不明になったわけではなく、親が地獄に堕《お》ちて苦しまないように、自ら行方不明になっているのです。

親を救うために入信したのに、どうしてカルト信者は親から逃げる？

どういうことかというと、信者は、統一教会の活動を続けなければ自分は地獄に堕ち、親も死んで地獄に堕ち、先祖もみんな地獄に堕ちて苦しんで二度と這い上がることはできない、と教え込まれているのです。

自分は磔《はりつけ》になったイエスの心をもって捨て石となり、「氏族メシア」として親も含めた氏族全員を救わなければならないと信じ込まされている。**だから、親に会いたくないとか親を否定するのではなく、親を救うために、親から隠れて活動を継続する。親も子に会えずに苦しむが、子も苦しみながら姿を隠す。**なんとも非人道的で不条理な話だと思いますが、これが現実です。

統一教会の例を見ていると、もともとが優しく親思いで、生真面目で、悪いことなど微塵もしそうにない、ようするにとても誉められる人格を持っている子どもほど、統一教会の活動に熱中してしまうことがよくわかります。

つねに心底、人のため親のためにやっているので、弱者からなけなしのおカネをだましとっても全然、平気です。カネを持つこと自体が財の因縁にとらわれているから、それを解いてあげればその人の功徳になり地獄に堕ちないですむという発想だからです。オウム真理教のポアと同じです。

本人は、**「自分はこの人をだましておカネを取る」ということはわかっていますが、罪悪感がありません。罪悪感を一切持たないようにマインド・コントロールされています。**自立した主体的な考えを持たず、教祖と教義に依存するよう仕向けられています。

信仰というのは本来、依存的なものではなく主体的なものです。どの教会でもお寺でも「依存せずに自立しなさい」というはずです。ところがカルトのやっていることは、まったく逆。**信者から主体性を奪い、依存しなければ生きていけない多くの人間を、日々組織的に生み出すのがカルトだ、ともいえます。**

信者は教祖の「金太郎アメ」って、どういうこと?

　ですから、強固なマインド・コントロールを施されれば、仮に教祖が「殺せ」といえば人殺しをするし、「売春せよ」といえば売春するでしょう。前にもいったように、カルトの信者は教祖の価値観どおりに動く教祖の「金太郎アメ」だからです。

　たとえば、教祖がセックス好きな集団は、性的に乱れがちです。逆に教祖が性的に潔癖な集団は、性的に潔癖過ぎるほど潔癖です。信者が集団で死亡したヘブンズ・ゲイトの場合は、死亡した教祖のマーシャル・アップルホワイトは去勢《きょせい》(生殖器を切除)していましたが、他の死亡した男性信者の複数も去勢した遺体として発見されています。

　さらにセックス好きの教祖であっても、自分はいいが信者は性的に潔癖でなければならないと思う場合は、教祖は信者に性的な潔癖さを要求します。

　私の見るところ、統一教会はこの三つ目に属します。

　統一教会の実働部隊であるホームのいくつかは独身男性と独身女性の集まりですが、彼らは性的に非常に潔癖です。男女は完全に分離されていて、男女が廊下ですれ違うときは、片一方が壁に手をついて向かい合わないようにするほどです。対面ですれ違わないようにするのは、男女が触れ合ってしまう恐れがあるからで、万が一触れればこれは罪として、水行何十杯とか断食とかをして償《つぐな》わなければいけません。

合同結婚式に出た信者もすぐに同居できるのではなく、通常、数年単位の「聖別期間」を経なければ、同居は許されません。ようやく同居を許され、そこから初めて夫婦生活がスタートするのです。

つまり、統一教会では、教祖の文鮮明と信者の関係が、徹底的な父子関係になっています。オウム真理教ではまた違っていて、教祖の麻原彰晃の子どもを産んだ女性信者との関係は、信者からの主観の中でいえば、夫婦の愛情とは違う特別な神聖な愛情が前提だったのでしょう。もちろんマインド・コントロールによる精神支配が根底にあります。

もっとも**統一教会は、ビジネスや政治に熱心なところを見ても、非常に戦略的、合理的に動く組織ですから、信者全員をホームに住まわせるのではなく、この信者は違うことに使えると思えば、違う扱いをします。**

よい例が歌手だった桜田淳子さんで、彼女は最初から特別な「広告塔」という扱いで、たいへん大事にされていました。もちろんホーム生活はしていません。彼女は、先に統一教会に入ったお姉さんに誘われて入りました。霊感商法のところでFF（ファミリー&フレンド）伝道という言葉を紹介したように、親しい人に対する勧誘は、すでに信頼関係ができあがっていますから、ハードルがとても低いのです。

なにしろ姉妹伝道で姉妹とも統一教会に入信してしまったわけですから親にとっては悲劇です。彼女の父親は、秋田県の統一教会被害者父母の会「陽光会」の元会長ですが、失意のうちに亡くなられました。

「弱い者から切り捨てるカルト」は本当の宗教なのか？

統一教会が桜田淳子さんを広告塔として利用できると考えて特別扱いした戦略的、合理的な思考は、まったく逆の方向にも向いています。つまり、**カルトは、信者が使い物に**

ならなくなると、情け容赦なくあっさり切り捨ててしまいます。

ある宗派が、本当に人助けのために信仰を広めているのであれば、あまりおカネのない人からおカネをむしり取るようなことはしないでしょう。そのような宗派は、ちゃんとした宗教に育っていくだろうと思います。

ところが統一教会のようなカルトは違います。比較的おカネのない若い人からも、おカネを取ります。もともと持っている額が少なく、ある程度以上は取れませんから、今度は街に送り出しておカネを集めさせます。

比較的おカネのある高齢の人からは、もっとおカネを取ります。どんどんおカネを取ってもう取れないとなると、伝道の対象者からははずし、捨ててしまいます。高齢者は労働力としての価値がないからです。

オウム真理教も、地下鉄サリン事件のあと、高齢の出家信者を追い出していきました。一生面倒を見るからといって、全財産を貢がせて出家させたおじいちゃんおばあちゃんたちを、搾れるだけ搾ったらもう用済みとばかり捨てました。

つまりは、つねにカルトの教祖や教団が第一で、利他ではなく私利私欲で動いているのです。伝統的な一般の宗教と、この点がまったく異なります。

宗教は普通は弱い人に手を差し伸べるもので、身障者や精神を病んでいる人、判断能力の減退している人などの弱者に対し、健康な人以上に気をかけ、支援するものですし、そう期待されていると思います。

ところが統一教会の伝道の実態は、お金があれば別ですが、そういう社会的弱者を最初から救済の対象にしないのです。

なぜ日本は「世界的なカルトの吹きだまり」なのか？

統一教会は、世界190カ国以上に進出していると豪語しています。全世界の信者の数は、せいぜい数十万人というところでしょう。

このうち日本の信者の数はせいぜい10万人規模で、世界でも圧倒的に多くなっています。出家信者の数では、ほとんどすべてが日本人ではないかと思います。というのは、韓国にいる信者のうち関連企業などで働く社員は出家信者ではありませんから。

統一教会というカルトは日本でもっとも繁栄し、霊感商法や献金集めで巨大な収益を上げているわけです。そんな国は、日本以外にはありません。

オウム真理教は、東京の住民を万人単位で無差別殺傷してよいのだと考えて化学テロを実行し、実際に5500人以上を死傷させました。そんなことができた国も、日本以外にはありません。

ようするに、**日本という国はカルトの世界的な穴場で、カルトの世界的な吹きだまりになっています。日本がカルトに対してもっとも甘いから、統一教会がもっとも繁栄することができ、オウム真理教が数千人を巻き込む無差別テロを実行できたのです。**これは、きわめて深刻な問題です。

日本では多くの家で、キリスト教徒ではないのに、クリスマスにはツリーを飾ってお祝いをします。神道を信仰しているわけではないのに、正月には神社へ初詣にいき「賽銭《さいせん》」という献金をします。仏教徒ではないのに、その前日の大晦日《おおみそか》にはお寺で除夜の鐘をついたりもします。七五三は神社に行き、結婚式は教会で挙げ、葬式はお寺と、考えてみればムチャクチャです。

日本人は、宗教にはきわめて寛容で、悪くいえばだらしない感じすらします。もちろんこれは、柔軟で融通がきくとか、新しもの好きで好奇心も旺盛だとか、日本人のよいところの表れですから、一概に否定すべき話ではありませんが、それにしても、という印象を受けます。

結局、**日本には宗教のオーソドキシー（正統的な信仰）がない、つまり基準となる背骨のような宗教がなく、信教の自由の幅が大きいために、カルトを問題視したり監視したり批判したりすることが少ないのです。だから、カルトが繁栄してしまいます。**

別の言葉でいうと、世の中の規制に「法的規制」と「社会的規制」があるなかで、日本にはカルトに対する社会的規制がほとんどなく、機能していないわけです。均質社会の日本は、以心伝心という言葉があるように、法律やルールはあまり細かく決めなくてもよいという考え方が根強く、法的規制も緩みがちです。

欧米も韓国もキリスト教が主流ですから、カルトに対して社会的規制が働きます。とくにアメリカはルールの国ですから法的規制も厳しく働きます。

カルトの穴場にも吹きだまりにもなっている現在の日本の状況を、どう変えていけばよいのか。これはとても大きく、また時間もかかる問題ですが、このままでよいとはとても思えません。

第4章

「脱マインド・コントロール」の手法

「引き離し」を強引にやってはならない理由とは？

ここまでマインド・コントロールとは何か、霊感商法とは何か、カルトとは何かを、具体的に見てきました。それぞれの章で、どんな手法や手口が使われるか、なるべくわかりやすくお話ししたつもりです。

もう読者の多くは、怪しい勧誘者が近づいてきても**「この人が話しているのは希少性の原理だ。どんな下心があるのかしら」と警戒し、相手を冷静に観察できるでしょう。**

相手の求めに応じて申込書に記入しようと思っても、改めて落ち着いて全体の状況を振り返り、「待てよ。この人は何度も会って、確かによくしてくれた。でも、この商品は本当に今日買う必要があるものかな。この人に会わず、無料プレゼントも受け取らなかったら、自分はこれを買うだろうか」と反省する。

あるいは「この人と親友になったつもりだったけど、考えたら出会ってまだひと月。長い付き合いのあの子にどう思うか聞いてからでも、遅くないわ」と踏みとどまる。

みなさんがそうしてくださることを、私は心から願っています。しかし、読者は大丈夫でも、家族、親戚、友人、知人にマインド・コントロールの罠《わな》に陥って抜け出せなくなった人がいてご心配の方は、少なからずいらっしゃるでしょう。

この第4章では、**強くマインド・コントロールされ、カルトやカルト的な集団に入ってしまった人を、どのように救い出せばよいかについてお話しします。**

XJAPANのToshlさんのケースでおわかりのように、マインド・コントロールを解くための大前提、初めの一歩は、本人を、占い師、霊能者、教祖、教団などから、まず「引き離す」ことです。

それには、どうすればよいのでしょうか。

ずっと以前には、本人がいる場所に車で乗りつけ、何人かで強引に車に乗せて奪還するといった考え方も、まったくなかったわけではありません。そのようにしてうまくいったケースも現実にあります。

しかし、最近では、強引な手法は取らないほうがよい、と考えられています。むりやり連れ戻すと逆効果になる場合があり、違法とされる場合すらあるからです。

アメリカではこれが問題となり、「ディプログラミング」（deprogramming）は、やってはならない手法とされています。アメリカでは、この言葉を価値中立的な「脱洗脳」や「脱マインド・コントロール」の意味で使用する用語例は、少なくとも「脱会カウンセリング」の専門家の間ではありません。ディプログラミングは「拉致監禁による脱会説得」という意味で使われています。

違法といっても、親が子どもをカルトから強引な手法で取り戻すとき、警察に現行犯逮捕されたという例は聞きません。ただ子どもがカルトに再び戻ってしまい、親が訴えられて違法とされ敗訴したケースはいくつかあります。子どもが強引な手法で引き離されても、そのままカルトから抜けてしまえば、家族に感謝するのが普通ですから、もちろん裁判にはなりません。

いずれにせよ現在は、家族が違法な手法によらず、どのようにかかわっていくべきかという問題に焦点が絞られています。

むりやりでない「引き離し」は、どうすればできるか？

親を捨てるようにしてカルトに入り、強いマインド・コントロール下にある子に、むりやりでなく、どうやって話をして、引き離しという段階に持っていくか。

これは非常に難しい問題ですが、たとえば家族でとことん説得する、涙を流して頼む、拝み倒すなど、何とか子どもとの話し合いに入る状況をつくるのです。**強制と感じられるような強引な手段は一切使わず、決して本人をとがめも責めもせず、あくまで“自分の意思”で話し合いに入るというかたちにすることが大切です。**

手錠や縄をかけるわけにはいきませんが、「愛で子どもを縛る」と表現する人もいます。親や家族などの愛情をあらゆる方法で注ぎ込み、本人がいくらなんでもこれは断りきれない、と思う状況をつくるわけです。

この段階では、専門家やカウンセラーに事前に相談しても、彼らが前面に出ることは少ないでしょう。もちろん親戚、友人、知人を動員するだけでは意味はなく、こちらの意図が徹底されていないと、誰かが怒り出してブチ壊しにしかねず逆効果です。

そんなやり方ではなく、「いまお前に家を出られてしまうと、もう私たちは生きていけない」と両親が涙ぐみながら訴える。あるいは「俺は仕事も辞めてきたよ。お前と一緒の生活をやり直したいんだ。頼むから一度戻ってくれないか」と父親が懇願する。**すべてを投げ出して親が説得すると、「自分のことで、そこまで尽くしてくれるなら」と、子どもが話を聞く気になるのです。**「わかった。では1週間だけ実家に帰る。話は聞くけど、絶対に他人を連れてこないで」とか「話を聞くのは、これが最後だからね」と、いったん戻ってくれるかもしれません。

もちろん、それはうまくいった場合で、一時的に家に戻すことさえ不可能と思われる状態が長く続くかもしれません。

それでも周囲が諦めずにやるべきことは、①本人が気持ちよく戻ることができる環境を整え、そのことを伝える、②手紙などで連絡を絶やさず、こちらの様子と思いを知らせ、いつでも待っていると伝える、など。とにかく、太陽と北風の寓話のように、「太陽政策」が大切です。

引き離しが「比較的に楽なケース」と「難しいケース」、どこが違う?

引き離しは、楽なケースから難しいケースまでさまざまです。

楽なケースの典型は、本人が警察に逮捕された場合です。これは教団などから〝合法的に〟引き離され、事実上監禁されている状態ですから、その後の説得やカウンセリングが比較的容易になります。

オウム真理教事件がそうで、出家信者たちは一部の者を除き軒並み逮捕され、その時点で教団と隔離されました。しかも同時に教祖の麻原彰晃も逮捕されて、不様な姿をさらしたので、いっそうマインド・コントロールを解きやすくなりました。この状態と、犯罪が発覚せず逮捕もされていない状態とは、まったくレベルが違います。

Ｔｏｓｈｌさんのケースでもそうですが、教団での活動の過労などから入院したケースも比較的楽なケースの典型です。理由は、交通事故や胃潰瘍《かいよう》など、さまざまでしょうが、本人は身動きが取れず、教団に戻りたくても戻れません。病院の医師が面会制限で守ってくれたりして、外部の情報から遮断されます。家族と話したり、本を読んだり、自分で考えたりする時間もたっぷりあります。

マインド・コントロールされた本人を、医者が精神疾患として精神病院に入院させた場合も、比較的説得が容易です。

ただし、これはときに逆効果を生じかねません。本人からすれば病気の自覚がない場合もあり、病気でもないのに精神病院に入れられるので、家族に対する憎悪心を募らせ、入院体験がトラウマのようになって、事態を悪化させてしまう場合があります。教団側から「許しがたい拉致監禁だ」と攻撃され、本人の主観の中ではますます「その通りだ」と思うかもしれません。客観的には医師の診断もあって問題がないとしてもです。

引き離しが難しいケースの典型は、本人がまだ若く体力も気力も知力も満ちあふれ、理想に燃えている場合です。男女を問わず、親を罵倒してとりつく島もないようなケースがしばしばあり、難しいのです。

問題事例として、1990年代の話ですが、親が、引き離しに暴力団を使ったというケースがありました。とにかく引き離しが肝心だというので、親がカネをわたした暴力団が教団に押しかけ、捕まえた本人を連れ帰ったのです。こんなやり方がうまくいくはずがなく、私が聞いた話では、教団は暴力団にカネを払って手打ちをし、本人も教団に戻ってしまいました。**結局、儲けたのは双方からカネをふんだくった暴力団だけで、事態は何一つ変わりませんでした。**

「引き離し」がうまくいった後も、なぜカウンセリングが必要か？

どうにかこうにか引き離しができても、正念場はこれからです。

というのは場所的、空間的な引き離しができても、精神的な心の切り離しが手つかずのままだからです。本人の強迫観念と依存心は相変わらず強固で、心の結びつきは以前と同じなのです。

本人が教団関係者と電話やメールで連絡を取り合っていれば、マインド・コントロールが続いていることに変わりはありません。たとえばＸ ＪＡＰＡＮのＴｏｓｈｌさんは、

MASAYAこと倉渕透と一緒に暮らしていたわけではなく、教団施設から十数年も離れていましたが、その間ずっとマインド・コントロールの状況下にありました。

電話やパソコンを取り上げても何の効果もありません。本人が自分で教団との連絡を断つと決め、自分で教団から離れた状態のほうがよいと思わなければダメなのです。ところが、教団から引き離されただけでは、強い信念を捨て、これまでの自分の行動をすべて否定するような変化は、普通は起こりません。

そこで、専門家によるカウンセリングが必要になります。

ここで理解していただきたいのは、カウンセリングのやり方は、ある程度確立したものがありますが、**どんなやり方を、どのタイミングでやり、その効果がどのくらいの時間をへて、どのように出るかは、マインド・コントロールされた状態にある本人の、そのときどきの状況による**、ということです。

体力も気力も知力も充実した若者は引き離しが難しいと話しましたが、カウンセリングも同様で、カルトに入りたてで「理想に燃えている」人の場合は難しいものです。

ですから、カウンセリングは専門家がタイミングを計ることがきわめて重要です。早ければ早いほどよいと思いがちですが、あまり早いと、教祖なり霊能者なりに帰依する気持ちが強すぎてうまくいきません。しかし、教団で体を壊してしまったとか疲れきってしまったという人は、早い段階でうまくいくこともあります。中でいじめにあい、本人がちょっとついていけないと思いはじめたような場合も、早い段階で成功しがちです。

人やタイミングによってカウンセリング効果が違うのは、なぜか？

人は誰でも、鬱《うつ》病や躁《そう》病にはならないまでも、鬱っぽい気分のときもあれば、躁っぽい気分のときもあるでしょう。心の状態は、よく見る上下に起伏のあるグラフのように、つねに変動しています。この変動は本人の生来の性格にもよりますし、身内を亡くしたり大学に合格したりという周囲の出来事にも左右されます。

マインド・コントロールされた状態の起伏も同じで、つねに100％フルパワーではなく、ときに70％や60％まで落ちたり、逆に110％や120％に強まったり

します。当然、カウンセリングの効果は、70％や60％に落ちたときのほうが大きくなります。

マインド・コントロールの状態は、長い時間をかけてじわじわと進むものですが、ある瞬間に恐怖感などが急に増幅されると、臨界点を超えてしまい、抜けるのが一気に難しくなります。たとえば、カルトから一時的に引き離された人が「やっぱり戻ろう。もう家族と一生会えなくてもいい。仕事もヤメだ」と決断するときは、恐怖や強迫観念が高じ依存心も強まって、カルトに帰依するという行動の一貫性が強化されます。

このときは、一気に100％を超えてマインド・コントロールが深まっている瞬間ですから、カウンセリングが前よりも難しくなっているわけです。

だからマインド・コントロールを解く方法自体は確立していても、タイミングや効果のほどは、本人の状態によってまったく異なります。そして、本人の状態は会って話してみなければわからず、家族や友人から話を聞くことで推測するほかありません。内部のメンバーからの情報はもっとも本人の状態を知る手段となります。本人と話すことができれば、ある程度わかります。覚え込まされた言葉を機械的に口から出しているというだけでも、ある程度はわかるものです。

私たちが実際に担当するケースでは、本人に会う前に本人の状態を確かめるために必ず周到な調査をします。準備に何年もかける場合もあります。そのうえで本人に会わなければ、そもそもカウンセリングができるかどうか、その成功率すら、わからないのです。

実は、このあたりのことを勘違いしている人が少なからずいます。数年前の芸能人の洗脳騒動で、その芸能人が自宅を出たときメディアは「奪還！」などと報じ、さまざまな人がメディアに登場して中島さんの状態について勝手な推測を語っていましたね。**しかし彼らは専門家ではなく、「奪還」といっても、自称占い師からの引き離しができただけで、カウンセリングはまさにこれからです。**

「おカネはかかるが、100％元に戻せる」と発言している人もいますが、私からいわせれば、そもそも「100％可能」という一言がいんちきなのです。人の心の問題に100％ということは決してなく、つねに蓋然性《がいぜんせい》の話、つまり確からしさや確率論で語ることしかできません。100％がありえない以上、本当は「脱洗脳のプロ」もいません。パチンコ攻略法と同じで、脱洗脳や脱マインド・コントロールに100％確実というインスタントな方法はないのです。そして、インスタントな志向こそカルト的とも言えますので注意すべきです。

「脱会カウンセラー」は何をしてくれるのか？

ここまで「カウンセリングの専門家」と表現してきましたが、カルトなどからの脱会説得をするカウンセラーのことを「脱会カウンセラー」と呼ぶことがあります。

英語では「Exit Counselor」で、Exitは出口を意味します。「出口カウンセラー」ではカウンセラーの出口さんみたいだし、意味を取りにくいので脱会と訳します。

深いマインド・コントロール状態にあって、強迫観念と依存心に強くとらわれている人は、**自分がマインド・コントロールされていったプロセスがどのようなものであったか理解し、自分が主体的に選んだと思うのは錯覚で他者からの強い影響を受けてそうなったのだ、とわからなければ、元の状態に戻ることができません。**

脱会カウンセラーは、カウンセリング（相談援助）を通じて、本人にそのことをわからせ、マインド・コントロールを解いてもともとの自分に戻し、二度と再びカルトや霊能師のところに戻らないように手助けします。

これは心理的なカウンセリング全般にいえる大原則ですが、カウンセラーは「このようにしなさい」という解決策をいきなり提示することは避けます。というのは、本人が自らと向き合って、自発的に新しい理解や考え方にたどり着くこと、そしてカウンセリングが終わってから先の人生でも、本人がさまざまな問題に主体的に立ち向かっていけるように導くことが、何より大切だからです。

先回りして答えを示してしまっては、本人が自分で考えることにならず、依存する対象が教祖からカウンセラーに変わっただけという話になりかねません。

この点で、カウンセラーはアドバイザーと根本的に異なる仕事です。中小企業アドバイザーは、５年後や10年後に同じ中小企業のアドバイスを続けていても、「末長くお付き合いしましょう」という話で別に問題ありません。しかし、脱会カウンセラーが、５年後や10年後に同じ人のカウンセリングをしていては困るでしょう。脱会カウンセラーは相談者が自分から離れていくように仕向ける仕事なのです。

どのような人が「脱会カウンセラー」になるのか?

脱マインド・コントロールや脱会説得の手法や考え方は、基本的に統一教会の問題から生まれました。言い換えれば、統一教会によるマインド・コントロール被害をいかに克服するかというなかで確立されていったもので、世界でも日本でもそうです。

米カリフォルニア州で、統一教会の伝道のあり方を問題とする初めての判決が出たのは1987年。統一教会の元会員スティーヴン・ハッサン氏の著書『マインド・コントロールの恐怖』がアメリカで出たのは88年で、日本では93年。前にのべた広島高裁岡山支部判決が2000年です。いずれも統一教会によるマインド・コントロールの被害の救済がきっかけです。

この流れは今日まで引き続いており、**いま脱会説得カウンセリングをする脱会カウ**

ンセラーの多くは、統一教会問題に取り組む自助グループの人たちです。キリスト教の牧師さんが中心ですが、彼らは色々なケースでも対応ができる専門家です。

統一教会はキリスト教の系統から出ましたから、キリスト教についてよく知る人のほうがカウンセリングしやすく、これは牧師が中心になります。オウム真理教はチベット仏教の影響を強く受けましたから、仏教についてよく知る人のほうがカウンセリングしやすく、こちらは僧侶が中心です。

もっとも、お寺のお坊さんに統一教会の信者の脱会カウンセリングが一切できないわけではなく、どのカルトにはどの宗教者が向いているかという話です。

衆目一致して脱会カウンセラーと呼ぶことができる人は、牧師と僧侶を合わせても日本に30人いるかいないかというところでしょう。ついでにいえば、脱会カウンセラー的な仕事ができる弁護士は、日本に数人しかいないと思います。

脱会カウンセラーは基本的にボランティアで、脱会カウンセリングで稼ぐ発想はありませんし、そもそも稼げるはずもありません。受け取るのは交通費や宿泊費用などの経費と若干の謝礼くらいです。依頼される事件や問題はたまにしか起こりませんから、彼らは脱会カウンセリングでは食べてはいけず、それぞれの教会や寺から主たる収入を得ています。

統一教会側は「脱会ビジネス」として、ありもしない幻想で脱会カウンセラーに対する誹《ひ》謗中傷《ぼうちゅうしょう》を繰り返していますが、そんなビジネスが成り立つはずもありません。

なぜ一般のカウンセラーでは「脱会カウンセリング」ができないのか?

心理療法士、心理カウンセラー、心理セラピストと呼ばれる人たちは、心理カウンセリングの専門家とは呼べるでしょうが、**カルトの教祖や霊能師などから引き離す脱会カウンセリングは資格だけでは務まりません。**心の問題をあつかう医師、つまり精神科のお医者さんも同様です。

カルトやカルト的な集団、あるいは霊能師や占い師などから受けるマインド・コントロールは、単なる心理的な悩みやストレスではなく、まして精神病ではありません。

マインド・コントロール状態にある被害者と多く接した経験がある。彼らが親や家族などとの修羅場のなか、カルトから引き離されたり戻ったりするのを実地に体験している。カルト側の教義、考え方や言葉づかい、手口や手法、非合法スレスレだったり違法だったりするあくどいやり方などを熟知している。――そのような人でなければ、脱会カウンセリングを務めることはできないのです。いくら優れた心理カウンセラーでも、当該カルトに対する経験や知識がなければ、手の打ちようがありません。

とくに重要なのは、カウンセリングを始めても、最初のうちはマインド・コントロールの状態にある人とは、常識的な話や普通の会話が一切通じない、ということです。

ですから、カルト側の考え方、思考や判断の枠組み（パラダイム）、言葉の使い方などをわかったうえで、本人やカルトが使うのと同じ言葉で話さなければ、そもそもコミュニケーションが成り立ちません。教祖が書いた本やパンフレットなどにも目を通し、理解しておかないと、相手にバカにされてしまいます。

話が通じずコミュニケーションが取れなければ、日本語を知らない外国人カウンセラーが外国語を知らない日本人を相手にするようなもので、カウンセリングになりません。思考の枠組みや使う言葉をマインド・コントロールされている人に合わせて、はじめて会話が成り立ち、説得や反論ができるようになります。

「説得」や「カウンセリング」が、親ではうまくいかない理由は？

マインド・コントロールの被害者は、カウンセリングや説得をする人にどんなイメージを抱いているか。カウンセリングの初期段階では、これも重要なポイントです。

基本的に脱会カウンセラーは、なるべく先入観のない、無色透明の人のほうがよいとされています。知っている人より、初めて出会った人のほうがよいのです。

脱会カウンセラーは、体験記のような本をあまり出しません。有名になってはダメで、黒子に徹する必要があるからです。カウンセラーにあるイメージができあがっていると、色眼鏡で見られてしまい、マイナスに働くことがあります。

中途半端に色がついているくらいなら、むしろカルト側から、顔写真つきのパンフレットが出まわり、「わが教団を攻撃する悪魔」「われわれの最大の敵」などと喧伝、誹謗中傷され、完全に憎悪の対象になっている人のほうがましだったりします。その悪魔同然と思っていた人は、実際に会ってみたら全然違っており、そこからマインド・コントロールが一気に解けていく場合もあるからです。

マインド・コントロールの被害者が抱くイメージという点では、親は子どもをほとんど説得できないものだ、と考えておかなければなりません。

親がよく勉強し、脱会カウンセラーに匹敵する知識を身につけたとしても、まず無理でしょう。「学校の先生は自分の子どもをうまく教えられない」とよくいいますね。それと同じで、私が自分の家族を説得するのもたぶん難しいだろうと思います。

これは、子どもが親に対して抱いているイメージが大きく、親がいくら知識や説得テクニックを駆使しても、そのイメージをくつがえすことが難しいからです。親に対するイメージは、子どもが生まれたときから長い時間をかけて醸成され、それに、たとえば親友のことを悪くいった、外泊したらおこられたなど、最近の経験から形成されたイメージが加わっています。

すると親がどんなに偉そうに、あるいは低姿勢でものをいっても、以前はこうだったじゃないかというイメージが消えません。そのぶん影響力を及ぼす権威性に欠け、そんな親がいくら説得しても効果がありません。やはり、第三者的な専門家や脱会カウンセラーに相談することが基本です。

飯干晃一さんが、娘の奪還に成功した理由は何か？

頭ごなしに反対するだけではうまくいかないことに、いち早く気づき、専門家の手を借りて娘を取り戻したよい例があります。**娘の飯星景子さんが１９９２年頃に統一教会への入信・脱会騒動を起こしたケースです。**

父親の飯干晃一さんは元読売新聞記者で、『仁義なき戦い』の原作者としても知られています。飯干晃一さんはテレビに出演して統一教会を厳しく批判。断固として娘を取り戻すと宣言して、それに成功しました。『われら父親は闘う 娘・景子を誘いこんだ統一教会の正体』(1993年)という著書もあり、これは非常に感動的な本です。

実は飯干晃一さんも、統一教会に入った娘さんに対して、最初は頭ごなしに反対していました。人生経験も知識も豊富で優秀な人ですから、もちろん自分の取材経験と知識で統一教会に立ち向かえると思っていたし、娘も説得できるはずだと思っていました。

しかし、娘さんを説得しようとしてもうまくいかない。経験や知識を駆使して統一教会のここが問題ではないかといくら主張しても、彼女は聞く耳を持ちませんでした。

そこで飯干晃一さんのえらいところは、**自分で説得できなかったとき、これは使っている言葉が違うしパラダイム(思考の枠組み)も違うと気づき、すぐに転進を図って、当時、日本にはこの人をおいて他にいないという人に頭を下げて頼んだことです。**このカウンセラーが飯星景子さんのマインド・コントロールを解いたわけです。

餅は餅屋で、専門家に頼むしかないということが、飯干晃一さんにはすぐに理解できたのでしょう。やはり新聞記者として、さらに作家として一家を成した人だけあって、親として正しい取り組みをされた。正しいルートをたどり最短距離を進んで、娘さんの奪還に成功したのです。この事例はたいへん参考になると思います。

親がよくしてしまう失敗に、どういうものがあるか?

これは子育て全般にいえると思いますが、**親の心構えとして大事なのは、なにより親が偉ぶらないことでしょう。どんどん成長し世界を広げている子どもは、いつまで子ども扱いするんだという不満があります。親が偉そうなことをいえばいうほど聞きません。**

頭ごなしにいってダメだったとき、多くの親は「こんな子は放っておけ」という態度を取ってしまいます。親を何だと思っているんだ、こんなヤツのために人に頭を下げるのはもうご免だ、というわけです。飯干晃一さんの行動とは、まったく逆です。

誰かに頼みにいくときも素人のかなしさ、ちゃんとした専門家を訪ねるのではなく、いい加減なカウンセラーに相談してしまったりします。

子どもが怪しい教団に入った悩みを、別の怪しい占い師や霊能師に相談する親すらいます。安易に裁判沙汰や警察沙汰にしたり、相手が嫌がるほどの連絡をとったりして、やればやるほど子どもが自分に向ける憎悪心を大きくしている親もいます。

引き離しに成功したが本格的なカウンセリングはこれからというとき、舞い上がってしまった親が、「この子のことは自分がいちばん知っています。弁護士さんもカウンセラーの先生もお引き取りください」というのも、よくある失敗です。

自分がいちばん知っているという発想自体が、子どもに対する強引な押しつけですから、親との関係は悪化し、子どもは元のカルトに戻ってしまいます。

もともと親子関係が悪ければ、子どもがカルトから戻っても、親子の関係性は改善されません。親に対するカウンセリングで「自分にこんな問題があったから、こうなった」と気づき、子どもとの関係性を見直そうと努力する親もいます。ところが、反省しない親は「よくわかった。もう結構です」とカウンセリングを拒否してしまいます。

すると、突き放された子どもが再び家出し、別の依存対象を見つける場合もあります。せっかく脱会したのに、以前にも増して親との関係性が悪くなり、親と音信不通のまま一人ぽつんと働き、アパート暮らしをする子どもも大勢います。

有名人によくある失敗のケースは、マインド・コントロールされていた人を身内が金銭面で頼っているときです。身内は一刻も早く本人を復帰させ、以前のように頼りたいと思いがち。**マインド・コントロールを解こうとするとき、子どもはこの不純な動機に敏感に気づいて、「お父さんお母さんはそういうけど、実は……」と反発するわけです。**

脱会カウンセリングの「3段階」とは？

脱会カウンセリングには、次の3段階があります。

①（親や家族に対する）家族カウンセリング
②（主に子どもに対する）脱会カウンセリング

③（主に子どもに対する）脱会後のカウンセリング

なぜこの三つに分かれるかは、ここまでの話でだいたいおわかりでしょう。

カルトに子どもを取られてしまった親は、初めての出来事に驚き狼狽《ろうばい》し、頭ごなしに否定したり、**話が通じない子どもに無意味な説得をしたりします。権威性が足りないのにそれを続けますから、子どもはますます離れていきます。**

だから、まず①「家族カウンセリング」が必要なのです。引き離しが前提となること、子どもを責めないこと、強引な手段を使わず一時的に帰ってこさせる必要があること、そこから話し合いや本格的なカウンセリングが始まること、決して諦めてはならないこと、親にも責任があることを自覚することなど、親の心構えやノウハウを、この段階で親に伝えていきます。

次の②「脱会カウンセリング」は、引き離しに成功し、本人との話し合いが始まってから、マインド・コントロールが解けて脱会に至るまでの段階です。もちろん親も協力しますが、親だけでは無理で、専門家によるカウンセリングが中心になります。

右の②と③「脱会後のカウンセリング」が分かれるのは、脱会が成功した後でも、マインド・コントロールの「後遺症」とでもいうべき喪失感や高揚感といった問題がしばしば見られるからです。これを解消するために、同じような体験をした被害者同士が集まるリハビリをおこなうこともあります。

子どもは②で自分を脱会させてくれたカウンセラーに大きな恩義を感じ、それにとどまらず、その人に強い依存心を抱いてしまうことが、往々にしてあります。そこで、③は別のカウンセラーが担当したほうがよいという考え方も主流になりつつあります。

次に、②と③のカウンセリングが具体的にどんなものかを見ていきましょう。

カウンセラーはいつも一緒にいるものなのか?

カウンセラーは、カルトや霊能者などから引き離された被害者に、いつもべったり寄り添っているわけではありません。

家庭教師が毎週来るように、カウンセラーが週に2〜3回訪れ、本人と1〜2時間ほど話すだけでも効果は期待できます。面会の時間や回数はとくに決まっておらず、本人の希望を聞きながら、その場その場で決めていきます。

カウンセラーが本人に寄り添って1日中話すことは、家庭教師ではなく勉強合宿のようなもので、濃密すぎるかもしれません。カウンセリングは自分の頭でゆっくり考えさせることが大切で、そのための時間も必要です。

そこはカウンセラーの判断で、引き離しの直後は半日一緒にいる、今週はちょっと面会を控えて考えさせるというように、ペース配分するわけです。

カウンセラーはたいてい、マインド・コントロールについての本を読むことを勧めるはずです。脱会した人の体験記も勧めることがあります。本人が接する情報は、基本的に量を増やす方向に持っていき、制限や禁止はしないものです。

たとえば有名人がマインド・コントロールされているというケースでは、スポーツ新聞や夕刊紙や週刊誌に記事が載ったり、テレビのワイドショーで盛んに報じたりしています。それらは見ても見なくてもかまいません。オウム真理教の信者をカウンセリングするときも、本人が「麻原彰晃（松本智津夫）のことを報じたニュース映像を見たい」といえば、見てもらってもかまわないことが多いと思います。もっとも教団の中にいるときは、好きなテレビすら見ることができませんから、本人が考える意思を持たない限り、教団から出ても見たいと思わないのが普通です。

カウンセラーはどんな話をするのか？

カウンセリングは、本人にマインド・コントロールされていったプロセスを理解させ、強迫観念や依存心を取り除き、心が囚《とら》われた状態を解きほぐすことです。そのために、カウンセラーは本人と対話を重ねていきます。

そのとき「結論はこうだ。こうしなさい」とはいわないものだ、とすでにお話ししました。「あなたは囚われている。目を覚ましなさい」ともいいません。そんな一般的な言い方には、全然意味がありません。

「あの教祖の主張は、こんな点が社会的に認められない。間違っている」ともいいません。本人は、カルト、あるいはその教祖や信者と社会が対立しており、社会から攻撃されているカルトのほうが正しいと思っています。それを社会から見て間違いといっても、水掛け論になるだけです。そこでカウンセラーは、こんな言い方をします。

「あなたは、教祖がこうしろといったから、自分はその通りにしたと話してくれたね。でも、教祖が書いた本には、ちょっと違うことが書いてあるよ。どう思う？」

こういうと、初めて本人の頭が回転しはじめます。カルトの思考の枠組みの中で「あなたの話は、教祖がいったことのごく一部じゃないかな」と問いかけたほうが効果的です。その結果、教祖の主張に矛盾が生じたり、自分の誤解が浮き彫りになったりして、確かにおかしなところがあるようだと思いはじめます。

マインド・コントロールされた人は、日頃から教祖や教団に不都合な話をしないように訓練されていますから、そんな話題に差しかかると会話が途切れます。「今日は何を食べたい？」とたわいない日常会話はいくらでもできますが、「占い師と何を食べた？」と聞くと、もうしゃべれなくなってしまう。これはまだ解けていない証拠です。

カウンセラーが、たとえばカウンセリングを続けて、「もう大丈夫だ」と確信できるのは、属していたカルトや帰依していた教祖について、過去の事情をあれこれ話すことができるようになったときでしょう。本人の口をついて出る言葉の量と、そのときの態度が、以前とはっきり変わってきます。

以前は途切れた会話が、「あのとき教祖はこんな様子だった」と続くようになる。教祖について冗談めいた話もできるようになる。都合の悪いことを聞かれても、黙ったり逃げたりせずに自分の言葉で話すようになる。「自分が悪かった」「目をかけてくれた教祖や、一緒に頑張った仲間たちに申し訳ない」という加害者としての思いが消え、「あの教祖のせいでこうなった」と被害者の思いが強まる。

オウム真理教の麻原彰晃こと松本智津夫に対してでも、統一教会の文鮮明に対してでも、依存していた占い師に対してでも、基本的に同じで、ある事実の見え方が180度逆になるわけです。**同じ海を目の前にしているのに、油やペットボトルが浮く汚い海と見えていたのが、ある瞬間から、夕日が光って美しい海に見えはじめるようなもので、言葉の変化でそれがわかります。**

マインド・コントロールが解ける瞬間は、わかるのか？

マインド・コントロールは、ある日突然パッと解けるものです。その瞬間からオセロゲームの白黒の駒が次々とひっくり返っていくように「あっ、だまされていた」と気づきます。このとき恐怖心や強迫観念と、それに基づく依存心がふっと抜けるのです。

すべての価値観が逆転していく瞬間で、脱会カウンセリングにかかわる専門家たちは、例外なく「その瞬間が人生冥利《みょうり》に尽きる」「やっていてよかったと思う」といいます。

おそらくその瞬間は、仏教でいう悟りや覚醒と現象としては似ているのでしょう。しかし、元のその人に戻るわけですから、悟りや覚醒とは基本的に別のものです。

ただし、そのようにマインド・コントロール状態から解放されても、往々にして「この何年かが、まったくムダになってしまった」という自己嫌悪が残ることがあります。途切れた人間関係の修復にとりかかってもなかなか受け入れてもらえない、仕事に復帰したがうまくいかないなど、悩みが膨らんだりします。

こうしたマインド・コントロールの「後遺症」的なダメージには注意が必要です。しばらくカウンセリングを続けたり、被害者の会に参加したりというケアが必要なのです。

ときには、自分は被害者だったという思いが高じて、教祖や教団幹部への憎悪の気持ちが強まりすぎ、ストーカーまがいの問題を起こすようなケースもあります。脱会後の適切なカウンセリングを受けていれば、そんなことにはなりません。

「脱マインド・コントロール」もマインド・コントロールなのか？

この章の最後では、「脱マインド・コントロールも、マインド・コントロールではないだろうか」という疑問に答えておきましょう。

「マインド・コントロール」と、マインド・コントロール状態から解放する「脱マインド・コントロール」は、一見、どちらも他者が強い影響力を行使してその信念や考え方を左右しているかのように見えますから、この点では似ています。

しかし、決定的に違うことは、**マインド・コントロールが元の人格とまったく異なる人格に変わったと見えるような信念や考え方の変化をもたらすのに対して、脱マインド・コントロールは元の人格に戻すという変化をもたらすだけ**だ、ということです。

脱会カウンセラーは、それ以上のことはせず、被害者はカルトに入ったり霊能者や占い者に出会ったりする前の状態に戻るだけです。

脱会カウンセラーが、それ以上の影響力を行使した結果、元の人格とも、また一時的に異なるように見えた人格とも異なる、新しい人格に変わったと思えるような変化を生じたとしたら、今度はそのカウンセラー自体がカルトの教祖になってしまいます。これは許されないことで、脱会カウンセラーとしての倫理に反することです。

ちなみに脱会カウンセリングを施しても元のその人に戻るだけですから、たとえば優柔不断な性格の人は元の優柔不断な性格に戻るだけです。あれこれ手を尽くしてその人のマインド・コントロールを解いても、やっぱり優柔不断な性格のままですから、社会に出てもあまり使えない人物に戻ってしまう。教団にいるときは、命令されて動くだけだから優柔不断でも問題がなく、まだ居場所があった、という話になりかねません。

カルトから抜け出ても、社会に出ると、自分の努力が大切です。この仕事をしていると、そんな問題に遭遇し、思わず考えさせられることも少なくないのです。

エピローグ

「マインド・コントロール被害」を減らすための提言

マインド・コントロール被害への対応は、なぜ充分ではないのか？

1995年にオウム真理教が摘発され、坂本弁護士一家殺害事件や松本・地下鉄サリン事件の詳細など教団の蛮行が明るみに出たことで、**法曹界、つまり裁判所や検事や弁護士の宗教に対するイメージや考え方は、大きく変わりました。**

性善説の立場から宗教を見る人が減り、宗教といえども深刻な問題や事件を引き起こして社会の重大な脅威になりうるという考え方が主流になっていったのです。宗教トラブルに関して教団を訴えた裁判で、被害者側が勝つケースもだんだん出てきました。

宗教をめぐる問題への興味や関心は、法曹界よりも一般大衆のほうが強いようです。某タレントのマインド・コントロール騒動をテレビが取り上げると視聴率が上がりましたし、統一教会の霊感商法が問題になったときもそうでした。

ワイドショーを見る家庭の主婦は、近所のあの子はせっかく大学に入ったのに怪しい宗教に引っかかって家を出てしまったらしいとか、先日うちに来たあの珍味売りの女の子は何だったんだろうとか、不審に思う問題が身近にあります。テレビはそのタネを明かして「あれは統一教会だったんだ」と納得させてくれます。家庭にいる女性ほど宗教トラブルや宗教被害に敏感で、活発に反応するようです。それと裏腹に、占いや霊感に興味や好奇心が強いため、引っかかってしまう人が多いのも事実ですが。

同じようなことは、警察と検察の宗教トラブルへの対応にもいえます。警察が被害者の訴えを身近に感じているのに対して、検察官はよくいえば理性的、悪くいえば冷ややかな対応をしがちです。警察が事件化しようとするとき、オウム真理教事件以前では、検察が待ったをかけることも少なくありませんでした。

法曹界の関心が薄かったこともあって、日本では、マインド・コントロールの被害についての勝訴判決は、実にオウム事件の5年後の2000年（広島高裁岡山支部判決）まで出ませんでした。考えてみればこれは異常なことで、法曹界全体が真剣に反省しなければなりません。

マインド・コントロールの違法性が裁判で認められたのは2000年以後ですから、まだ15年ほどの歴史しかありません。日本で商用のインターネットプロバイダサービスが始まったのは1992年ですから、インターネットの歴史よりも浅い、ごく最近の話です。日本社会のマインド・コントロールへの対応は、まだまだ不充分といわざるをえません。

そこで、**マインド・コントロールを駆使した霊感商法やカルトの被害を社会全体で減らしていくために必要なことをいくつか提言して、本書を締めくくりたいと思います。**

【提言1】市民活動の支援制度を充実させて、社会的規制を強めよう

第1に、宗教に寛容で「社会的規制」が弱い日本で、社会的規制によってカルト的な集団のマインド・コントロール被害を減らしていくためには、脱会カウンセリング活動などの市民活動を支援する仕組みを充実させることが不可欠です。

日本では町内会や自治会や青少年対策協議会といった地域の団体には援助がありますが

（それらが集票マシンとして機能するからでしょう）、ボランティア団体には援助がほとんどないのです。この状況を改めなければなりません。

欧米では政府から補助金などの援助があります。リタイアした高齢者がカルト問題に取り組む団体に、日本円にして何十万円か補助が出るだけでも、会報の印刷代やホームページの運営費などの足しになり、活動が活発化します。その高齢者は、過去に自分の子どもや親戚がカルトに取り込まれて苦労した経験があり、脱会カウンセリング活動に積極的だったりするわけです。これが、カルトを監視する社会の目を厳しくしていきます。

すでにお話ししたように、日本のカウンセリングは基本的にすべてボランティア。NPO法人になるだけでも、厳密なコスト計算が求められ作成書類が増えたり役所への届け出が煩雑《はんざつ》になったり、とてもやっていられません。おカネに困っている市民グループがNPO法人になるメリットは、コストが増えるばかりで、ほとんどないのです。

また、日本では寄付金税制が整っておらず、NPOへの寄付を所得から控除できる仕組みが不十分です。これが致命的な問題点で、結果として日本の市民運動はなかなか発展できず、日陰の存在になっています。

アメリカでNPO活動が盛んなのは、とくに公益性が高いと分類された団体を「パブリック・チャリティ」として、宗教、慈善、科学、公共安全、文化、教育、アマチュアスポーツ助成、虐待防止などを目的とする当該団体への寄付金控除が、個人の課税所得の50％まで認められるなどの制度があるからです。

[提言2] 心の問題に対処する法的規制の議論を広げよう

第2に、「法的規制」が未整備ですから、これについての国民的な議論を広げていくべきだと思います。これまで日本では、もっぱら身体の安全を守る法的規制だけが注目されてきました。もちろんそれは重要ですが、その陰で外から見えにくく金銭に換算することも難しい心の問題が放置されていた、といわなければなりません。

日本の法律には、フランスにあるような「無知・脆弱性不法利用罪」がなく、心の脆弱状態を利用する犯罪が追求されにくいのです。そのため、カルトに引きずり込まれ、マインド・コントロールのひどい被害を受けても、「それは自己責任だ。本人の心が弱いからいけないんだ」というような意識を持つ人が、少なからず残っているわけです。

この点、ヨーロッパは法的規制が進んでおり、フランスでは国民的な議論を長く重ねたうえで、2001年に「無知・脆弱性不法利用罪」という犯罪を導入しました。「人権及び基本的自由を侵害するセクト的団体の防止および取締を強化する2001年6月12日の法律」がそれです。両院の提案者の名をとってアブー・ピカール法と通称されています。

同法は刑法に次の規定を加えました。

「未成年者に対して、若《も》しくは年齢、病気、身体障害、身体的欠如または妊娠状態のため、著しく脆弱《ぜいじゃく》な状態にあることが明白な者または行為者にそれが認識される者に対して、もしくは重大または反復した圧力行為または判断を歪《ゆが》めうる技術の結果、心理的または身体的服従状態にある者に対して、その者に重大な損害を与えうる作為または不作為に導くために、その者の無知または脆弱状態を不法に利用することは、3年の拘禁刑および37万5000ユーロの罰金に処せられる」（「罪名」「法名」及び「法文」の各翻訳は、小泉洋一甲南大学教授によります。「フランスにおけるセクト対策と信教の自由」甲南法学20

06年・46巻4号75ページ、傍線は筆者）

もともと脆弱であった人だけでなく、精神操作技術によって心理的または身体的服従状態にさせられてしまった人をも対象とし、しかもこのような状況に陥った被害者が、他者に対するだけでなく、自分自身に対して行う行為（または不作為）をも対象としています。つまり精神操作技術による集団自殺や医療忌避《きひ》なども対象にでき、またカルトの問題には子どもの虐待がからむ場合が多いことから、未成年者保護の観点も盛り込まれています。

さらに振り込め詐欺でいえば、振り込んでしまったお年寄りも、電話をかけた犯人も、犯人の行為が心身の脆弱状態を不法に利用する結果だということであれば、その犯人自身も被害者とされます。いわばカルトの構成員についても、構成員が被害者的に立場にあれば、その構成員に影響力を及ぼした当該カルトの教祖をも罰することを可能とした画期的な法律です。

この法律はフランスだけでなく、ベルギーにも法案化の動きがあります（フランス在住の国際ジャーナリスト・広岡裕児さんのレポート「マインド・コントロールの結果を罰する法律、ベルギーで成立へ」雑誌『FORUM21』2011、9月号28ページ）。

つまりマインド・コントロールのすべてではありませんが、その要素の一部を犯罪類型として新しく国の基本法である刑法の中につくったわけです。

カルトにはまってしまい、マインド・コントロールされた状態にある人を救い出すためには、まず教団なり教祖なり霊能師なりから引き離さなければならない。そのとき強引な手法を使うと、場合によっては違法とされかねない。一方で社会的な規制も、事件が発生してしまった事態には対処できない。だったら悲劇的事態を防止するためには法的な規制を設けるべきだ、という発想です。

「無知・脆弱性不法利用罪」という法律があったとすれば、マインド・コントロールされた被害者に対する医師の診断などがあれば、カルトの教祖や帰依する占い師などへの捜査も可能です。捜査の結果、問題がなければそれでもいいのです。家族は、真実がわかることで安心します。

もっともフランスでも、「無知・脆弱性不法利用罪」の制定過程においてはさまざまな議論がありました。当初は文字どおりのマインド・コントロール罪、すなわち「精神操作罪」を導入する法案だったものが、マインド・コントロールを犯罪とすることができるのかという議論が沸騰して反対論がおこり、そうはいっても、詐欺や脅迫といった従来の考えでは、弱者をターゲットとする悪徳商法を規制することはできないという現実があり、「無知・脆弱性不法利用罪」は、犯罪の成立する構成要件を大幅に絞り込む形で、刑法に入れられることになりました。つまりマインド・コントロールすべてを問題にすることはできませんが、精神が脆弱な状態になって、そうと気づかない人からカネをだましとるケース、たとえばマインド・コントロールが問題となるケースだけでなく、本人から事情を聴くことがほとんど困難な、認知症の人に対する悪徳商法等を摘発することができるようになりました。

日本でも、振り込め詐欺など、高齢者が悪徳商法の被害にあうことが増えています。マインド・コントロールの被害だけではなく、高齢者や弱者の被害を防止するためにも、日本でも「無知・脆弱性不法利用罪」のような法律を検討すべき時期がきている、と私は思います。

[提言3] 学校でも宗教のリスクについて教えよう

第3に、**社会には宗教の衣をまとう危険なカルトがいろいろとあるのだということを、学校できちんと教えるべき**だ、と私は考えています。若者たちがオウム真理教や統一教会に取り込まれていくのを見るにつけ、そう思います。

そのような教育は「宗教リスク教育」ですから、広い意味では「宗教教育」に含まれるでしょう。ところが、国公立の学校では、憲法第20条3項に「国及びその機関は、宗教教育その他いかなる宗教的活動もしてはならない」と定める「政教分離の原則」があります。

ですから、私立学校では宗教教育ができても、公立学校では学問として宗教を教える以外に宗教教育ができず、したがって公立学校では宗教リスク教育ができないという話になっています。

すると、オーソドキシーな宗教が存在しない日本では、多くの人がカルトやマインド・コントロールの危険性について何も教わりません。警戒心がないまま大学に入って、いきなりサークルの勧誘を受け、入ってみたら統一教会だったということがよくあります。これが大問題です。

私は、「**宗教リスクについて解説する教育は、宗教を客観的に教える教育であり、学問ないし人権教育であり、それは宗教教育とは異なるものだ**」という考え方を採用して、高校ぐらいからカルトの危険性についてきちんと教えるべきだ、と考えています。

もともと政教分離原則からは遠い位置にある私立大学ではオウム真理教事件以後に対応が進み、現在では多くの私立大学が新入生のオリエンテーションなどで、統一教会その他の具体的な名前を挙げて「勧誘に気をつけよう」と注意を呼びかけるチラシやパンフレットを配布するなどしています。

私が事務局をしている全国霊感商法対策弁護士連絡会がつくった霊感商法の注意喚起をするチラシも、多数の大学からの注文が殺到しています。ようやく2009年に、全国カルト対策大学ネットワークが結成され、遅れていた国立大学での取り組みも本格的に始まりました。

学校教育について私は、**他人から何かを要求されたとき、もっときちんと断ること**

ができる人間を育ててほしい、と思っています。マインド・コントロールの問題をあつかっていると、他人と摩擦を生じたくないためか、いい子ぶってしまって、気が進まない要求をきっぱり断ることができない人が少なくないことに、いつも驚かされます。

一つには、小学校のころから議論を戦わせた経験がほとんどなく、唯一の正解を答えさせる授業を受けた経験しかないことが、大きな問題ではないでしょうか。

欧米では、正解を一方的に教え込むのでなく、教師が問題を提示して「みんな、どう思う？」と聞き、生徒たち大勢が手を挙げて「僕はこう思う」「いや、私はこう思う」と、正解に至る討論のプロセスを重視する授業が一般的です。

ところが日本では、教師が問題を提示して「答えがわかる人は？」と聞き、自分の答えは正解だと自信のある生徒2～3人が手を挙げて発表する授業が一般的でしょう。「たぶんこうではないか」と思っても、正解の確信がない生徒は、教師に「間違いです。ほかにわかる人は？」といわれることを恐れて、手を挙げません。

世の中白か黒か、マルかバツか二つに一つで、曖昧さやファジーな部分を許さない。こんな教育をやってばかりいるから、「君のいうことは違うと思う」と断ることができる人間が育たないのでしょう。**カルトは、まさにマルかバツか、教祖の教えに100%従うか従わないかという世界。曖昧さを許さず、教団以外はすべて敵という思想を信者に植えつけます。「違う！」といえる若者をつくる教育が必要なのです。**

【提言4】既存宗教は、魂の救済にコミットしていないことを猛省しよう

第4に、伝統的な既存の宗教団体は、マインド・コントロールやカルト被害がはびこる背景に、悩みを抱えた人々を自分たちが受け止めきれていない事実があることを認め、その活動のあり方を真摯に反省し見直すべきだ、と思います。

テレビでは各局が、アニメの動物キャラクターが競争してゴールした順に、今日はどの星座や血液型の人の運勢がよいかを発表したり、ラッキーカラーや生活の注意点を伝えるなどのミニコーナーを放送しており、視聴率も高いと聞きます。しかし2012年4月には、霊能師を取り上げたテレビの特別番組を見たことをきっかけに、自称霊能力者である

下《しも》ヨシ子が主宰する宗教団体六水院のことを知り、被害にあった女性が名古屋地裁に損害の賠償を求めて訴えた裁判について、下ヨシ子側が敗訴する判決まで出されています。

街には占い師や占い館が軒を並べ、占いや霊能師が流行っています。そんな土壌のなかでカルトも育ちます。悩み事をかかえ、占いその他に頼りたいというニーズがあるわけですが、それに既存の宗教はまったく応えていません。

なぜ、こんなことになってしまったのか。明治維新のときの神仏分離（神仏習合の廃止）や廃仏毀釈《はいぶつきしゃく》、つまり**神道《しんとう》だけを日本の正式な宗教（国教）として、仏教を中心とする既存宗教をつぶしてしまったことも、大きな問題だったのでしょう。**

江戸時代までは、仏教寺院が行政組織の一翼を担い、ほとんどの日本人は自分の家がどこかの寺の檀家になっていました。同時に日本では神仏習合といって、日本古来の神道（天照大神《アマテラスオオミカミ》のような神様信仰）と外来の仏教信仰を折衷《せっちゅう》した独自の信仰体系が、長く続いてきました。神様仏様が仲よくやっていたわけで、寺子屋も子どもたちの教育の場として機能していました。明治維新前までは、自然に宗教リスク教育もされていたわけです。

が、明治以降に国家神道が強調されると仏教は衰退し、やがて「葬式仏教」と揶揄《やゆ》されるような性格を強めていきました。

ですから、個別の寺院で葬式や法事や墓や冠婚といった仕事をする以外、多くの宗教団体は、平和運動や核廃絶運動などに半ば形式的にコミットするだけで、個人の魂の救済にほとんどコミットしていません。これは、大きな問題だと思います。

また、カルトの多くは、実は既存宗教の一系列としてスタートし、やがて系列から外れていきます。つまりは分派組が多いのです。このとき既存宗教の側は「その方向性はおかしい」と系列にとどめながら戦って軌道修正させることをせず、ただ異端視して除名し、系列から追い出してしまう場合がほとんどです。これも非常に問題だと思います。

というのは、出ていく側は、既存宗教の信者のうち弱い人々を取り込んで、連れていってしまうからです。**つまり教祖はともかく信者らは、既存宗教に見捨てられ、見殺しにされたも同然なのです。実に無責任な話です。**私は、これを新たな人権侵害というべき問題ではないかと考えています。

問題ある生徒を次々退学させる私立校が「うちには校内暴力やいじめがない」というのと同じで、問題は何一つ解決していません。この点も猛省を求めたいと思います。

［提言5］政府は総合的な対策を講じ、メディアはそれをチェックしよう

最後に、**政府や地方自治体といった公的機関が縦割り組織の弊害を排して連携し、マインド・コントロールの問題や霊感商法、カルトといった問題に積極的、総合的に対応すること、とくに警察の迅速で責任ある対応を求めたい**と思います。同時に、それらの公的機関がきちんと責任を果たしているか、メディアが厳しくチェックすることを強く求めたいと思います。

1994年6月に松本サリン事件が発生したとき、警察は被害者の一人だった河野義行さんの犯行と決めつけ、誤った捜査に時間を費やして、オウム真理教の犯行と見抜けませんでした。テレビ、新聞、雑誌などマスメディアも警察によるリークを鵜呑みにして、河野義行さんを犯人視する報道を重ね、警察のミスリードを増幅させてしまいました。「発表ジャーナリズム」という悪しき慣行です。

95年1月1日には読売新聞が、上九一色村でサリンの残留物質を検出と報じましたが、

それでも警察は3月20日の地下鉄サリン事件を未然に防ぐことができませんでした。明らかな捜査ミスですが、警察が真摯《しんし》に反省したという話は、いまだに聞きません。

日本の首都・東京で無差別殺人を企図して猛毒物質サリンを撒き、死傷者5500人以上を出して世界を震撼させた未曽有《みぞう》の大事件ですが、今だに日本政府も国会も、総括的な調査もしなければ報告書すらつくっていないのです。

人が判断をする前提には正しい情報が必要です。情報が不十分だと正しい判断ができません。国民の判断にはきちんとした調査とその情報公開が不可欠です。原子力発電所の安全神話でもそうですが、「原発を持とうと決めたのは国民の意思」「議員を選んだのは国民だ」などと、国民に責任転嫁をはかる理屈を述べる人がいます。しかし、そもそも国民に判断を委ねるならば、正確な情報を国民に提供するのが先でしょう。

マインド・コントロールやカルトの問題は、現代の人権問題であり、世界中で普遍的に見られ、どの国も真剣な対応を迫られている問題です。そのことを政治や行政やメディアがまったく認識していない日本の現状は、誠に憂うべき状況です。

オウム真理教事件は、マインド・コントロールや心理的虐待など精神医学的な問

題、カルト内での女性や子どもの虐待問題、カルトの脱税問題などを含み、警察・消防はもとより、厚生労働省、文部科学省、国税庁、地元自治体などが連携し、総合的に取り組むべき大問題でしたが、そんな動きは見られません。

霊感商法の問題は、消費者庁、経済産業省、公正取引委員会も取り組まないといけない問題です。せっかくできた消費者庁が機能していないのは憂慮すべき事態です。政府の危機意識の欠如を指摘せざるをえません。

つねに権力の監視を怠ってはならない「第4の権力」と呼ばれるマスメディアも問題です。日本の未来のためにも、もっとしっかりしてほしいと思います。

あとがき

この本は私だけの成果ではありません。事務局としての全国霊感商法対策弁護士連絡会での活動のほか、霊視商法被害対策弁護団、オウム真理教被害対策弁護団、法の華被害対策弁護団（副団長）、ホームオブハート被害対策弁護団（団長）、神世界被害対策弁護団（同）など、多数の宗教被害弁護団との連携や活動を通じ、またこれらの活動の中で出会った優に1000人を超える被害者の方々、そして宗教関係者、ジャーナリストの方々、日本脱カルト協会（JSCPR）のメンバーの方々などから多くの啓発を受けました。

被害救済の勉強のためにと、日本宗教学会、宗教法学会、宗教と社会学会、日本心理学会、日本社会心理学会、日本法と心理学会などにも所属し、学者の方々からも多くの示唆を受けました。

さらに日本単独でカルト問題に取り組むことは難しいことから、米国に本部のある国際カルト研究学会（International Cultic Studies Association）の集まりにも積極的に参加し、カルト問題に取り組む各国の政府関係者、学者、カウンセラー、被害者、ジャーナリストらとの交流を通じ、海外からも多くの啓発を受けました。

ほかにも、この場ではあげられない内外の被害者団体の方々も含め、多くの方々から様々な示唆をいただきました。これら私と関わりのある方々すべての方に心から御礼を申し上げます。道半ばで殺害されたこの道の3人の先達である故坂本堤弁護士、韓国の宗教ジャーナリスト・故タンミョンハン（卓明煥）さん、オウム真理教の被害者の救済問題に精力的に取り組んでいただいた衆議院議員の故石井紘基さんには、天国に向けて厚く御礼を申し上げたいと思います。

出版社のアスコム代表取締役の高橋克佳さん、編集長の小林英史さん、編集の辺士名悟さん、そしてジャーナリストの坂本衛さんにも大変お世話になりました。謝意を表します。

最後ですが、私の所属するリンク総合法律事務所所属の弁護士、事務局、そして故郷の母、そして家族にも感謝したいと思います。カルト問題は妨害や危険とも隣り合わせです。被害者を救済したいという一点において共通の心情があることに心から感謝します。ありがとう。

紀藤正樹

巻末資料1　ぜひお読みいただきたい主な文献リスト

1 『**マインド・コントロールの恐怖**』スティーヴン・ハッサン著、浅見定雄訳、恒友出版 1993／4
2 『**われら父親は闘う 娘・景子を誘いこんだ統一教会の正体**』飯干晃一著、ネスコ、1993／4
3 『**愛が偽りに終わるとき**』山崎浩子、文藝春秋 1994／3
4 『**カルト教団からわが子を守る法**』J・C・ロス、M・D・ランゴーニ著、多賀幹子訳、朝日新聞社 1995／6
5 『**マインド・コントロールとは何か**』西田公昭著、紀伊國屋書店 1995／7
6 『**マインド・コントロールからの脱出――統一教会信者たちのこころ**』パスカル・ズィヴィ著、恒友出版 1995／9
7 『**あやつられる心――破壊的カルトのマインド・コントロール戦略**』
トーマス・W・カイザー、ジャクリーヌ・L・カイザー著、マインド・コントロール問題研究会訳、福村出版 1995／9
8 『**カルト**』マーガレット・シンガー著、中村保男訳、飛鳥新社 1995／11
9 『**21世紀の宗教法人法**』紀藤正樹著、朝日新聞社 1995／11
10 『**マインドコントロールからの解放――愛とは何か 生とは何か**』オウム真理教信徒救済ネットワーク著、三一書房 1995／12
11 『**親は何を知るべきか**』マインド・コントロール研究所編、いのちのことば社 1997／4
12 『**外国の立法**（**通巻第201号**）**特集／宗教団体とカルト対策**』国会図書館調査及び立法審査局編、紀伊國屋書店 1997／9
13 『**「信じるこころ」の科学――マインド・コントロールとビリーフ・システムの社会心理学**』西田公昭著、サイエンス社 1998／2
14 『**自由への脱出――カルトのすべてとマインド・コントロールからの解放と回復**』
マデリン・ランドー・トバイアス、ジャンジャ・ラリック著、南暁子、上牧弥生訳、中央アート出版社 1998／9
15 『**カルトで傷ついたあなたへ――カウンセリングとリハビリテーション**』
マインド・コントロール研究所編、いのちのことば社 1999／9
16 『**宗教トラブルの予防・救済の手引――宗教的活動にかかわる人権侵害についての判断基準**』
日本弁護士連合会消費者問題対策委員会編、教育史料出版会 1999／9

17 『「信仰」という名の虐待』パスカル・ズィヴィー、福沢満雄、志村真著 マインド・コントロール研究所編、いのちのことば社 2002/5
18 『宗教トラブルはいま――判例と報道から見えてくるもの』日本弁護士連合会消費者問題対策委員会編、教育史料出版会 2003/10
19 『自立への苦闘――統一協会を脱会して』全国統一協会被害者家族の会編、教文館 2005/9
20 『「カルト」を問い直す――信教の自由というリスク』櫻井義秀著、中央公論新社 2006/1
21 『カルト宗教――性的虐待と児童虐待はなぜ起きるのか』紀藤正樹、山口貴士著、アスコム 2007/3
22 『マインド・コントロールからの救出――愛する人を取り戻すために』スティーヴン・ハッサン著、中村周而、山本ゆかり訳、教文館 2007/10
23 『テレビ霊能者を斬る メディアとスピリチュアルの蜜月』小池靖著、SBクリエイティブ、2007/12
24 『宗教事件の内側 精神を呪縛される人びと』藤田庄市著、岩波書店、2008/10
25 『だましの手口――知らないと損する心の法則』西田公昭著、PHP研究所 2009/3
26 『霊と金 スピリチュアル・ビジネスの構造』櫻井義秀著、新潮社、2009/5
27 『「カルト宗教」取材したらこうだった』藤倉善郎著、宝島社、2012/8
28 『大学のカルト対策』櫻井義秀、大畑昇編著、北海道大学出版会、2012/12
29 『カルト問題と公共性 裁判・メディア・宗教研究はどう論じたか』櫻井義秀著、北海道大学出版会、2014/2
30 『影響力の武器[第三版]――なぜ、人は動かされるのか』ロバート・B・チャルディーニ著、社会行動研究会訳、誠信書房 2014/7
31 『洗脳 地獄の12年からの生還』ToshI著、講談社 2014/7
32 『カルトからの脱会と回復のための手引き〈改訂版〉』日本脱カルト協会編、遠見書房、2014/10
33 『Q&A宗教トラブル110番(第3版)』山口広、滝本太郎、紀藤正樹著、民事法研究会 2015/3

巻末資料2　トラブルに巻き込まれたときの相談窓口

・全国霊感商法対策弁護士連絡会　電話 03（3358）6179　FAX 03（3353）4679
・日本脱カルト協会（JSCPR）　FAX 046（263）0375
・オウム真理教被害対策弁護団（とらすと法律事務所）　電話 045（680）0720
・MASAYAこと倉渕透グループ問題を考える会　電話 080（1528）7588
・カルト被害を考える会　電話 086（231）2885
・マインドコントロール研究所　電話 090（8897）3645
・仏教テレフォン相談（仏教情報センター）　電話 03（3811）7470
・宗教もしもし相談室（新日本宗教団体連合会）　電話 03（3466）9900
・全国統一教会被害者家族の会　電話〈水曜日〉080（5079）5808　〈金曜日〉080（5059）5808
・小諸いずみ会・いのちの家LETS　電話 070（6468）9596
・全国カルト対策大学ネットワーク　✉ cult110@hotmail.com
・日本弁護士連合会　電話 03（3580）9841
・国民生活センター　電話 0570（064）370

カルト問題キリスト教連絡会

・日本基督教団 事務局　電話 03（3202）0544
・カトリック中央協議会 事務局　電話 03（5632）4411
・日本聖公会 管区事務所　電話 03（5228）3171
・日本福音ルーテル協会 事務局　電話 03（3260）8631
・日本バプテスト連盟 宣教部　電話 048（883）1091
・在日大韓基督協会 総会事務所　電話 03（3202）5398

決定版
マインド・コントロール

発行日　2017年3月7日　第1刷
発行日　2022年2月3日　第2刷

著者　紀藤正樹

本書プロジェクトチーム
編集統括　柿内尚文
編集担当　高橋克佳、小林英史
デザイン　菊池崇＋櫻井淳志（ドットスタジオ）
編集協力　坂本衛
校正　豊福実和子

営業統括　丸山敏生
営業推進　増尾友裕、綱脇愛、大原桂子、桐山敦子、矢部愛、高坂美智子、寺内未来子
販売促進　池田孝一郎、石井耕平、熊切絵理、菊山清佳、吉村寿美子、矢橋寛子、遠藤真知子、森田真紀、氏家和佳子
プロモーション　山田美恵、藤野茉友、林屋成一郎
講演・マネジメント事業　斎藤和佳、志水公美

編集　栗田亘、村上芳子、大住兼正、菊地貴広、山田吉之
メディア開発　池田剛、中山景、中村悟志、長野太介
管理部　八木宏之、早坂裕子、生越こずえ、名児耶美咲、金井昭彦
マネジメント　坂下毅
発行人　高橋克佳

発行所　株式会社アスコム

〒105-0003
東京都港区西新橋2-23-1　3東洋海事ビル
編集局　TEL：03-5425-6627
営業局　TEL：03-5425-6626　FAX：03-5425-6770

印刷・製本　中央精版印刷株式会社

Printed in Japan ISBN 978-4-7762-0942-3

本書は2012年6月に弊社より刊行された『2時間でいまがわかる　マインド・コントロール』を大幅な加筆、修正の上、改題したものです。

決定版

マインド・コントロール

の電子版がスマホ、タブレットなどで読めます！

本書をご購入いただいた方は、もれなく本書の電子版がスマホ、タブレット、パソコンで読むことができます。

アクセス方法はこちら！

▼

下記のQRコード、もしくは下記のアドレスからアクセスし、会員登録の上、案内されたパスワードを所定の欄に入力してください。
アクセスしたサイトでパスワードが認証されますと、電子版を読むことができます。

https://ascom-inc.com/b/09423

※通信環境や機種によってアクセスに時間がかかる、もしくはアクセスできない場合がございます。
※接続の際の通信費は、お客様のご負担となります。